LA

FRANCE PONTIFICALE

(GALLIA CHRISTIANA)

HISTOIRE

CHRONOLOGIQUE ET BIOGRAPHIQUE

DES

ARCHEVÊQUES ET ÉVÊQUES

DE TOUS LES DIOCÈSES DE FRANCE

Depuis l'établissement du Christianisme jusqu'à nos jours

DIVISÉE EN 17 PROVINCES ECCLÉSIASTIQUES

PAR M. H. FISQUET

Membre de plusieurs Sociétés savantes

MÉTROPOLE DE SENS

NEVERS — BETHLÉHEM.

PARIS

E. REPOS, LIBRAIRE-ÉDITEUR

de la REVUE et du RÉPERTOIRE DE MUSIQUE SACRÉE,
de l'ILLUSTRATION MUSICALE, DE LIVRES LITURGIQUES et de CHANT ROMAIN

70, RUE BONAPARTE, 70

LA

FRANCE PONTIFICALE.

Bar-le-Duc. — mprimerie Contant-Laguerre et Cie.

LA

FRANCE PONTIFICALE

(GALLIA CHRISTIANA).

DIOCÈSE DE NEVERS.

Nevers est une ancienne cité des Gaules dont il est fait mention sous le nom de *Noviodunum*, dans le septième livre des Commentaires de César. Ce général en avait fait une place de réserve pour ses approvisionnements, ses magasins de vivres et sa caisse militaire : il y gardait les otages des peuples soumis de la Gaule. En l'an 51 avant Jésus-Christ, deux Éduens, Viridomare et Eporédorix, firent le complot de s'emparer de *Noviodunum*. Arrivés dans la place, ils prirent connaissance de l'état du pays et apprirent que les Éduens avaient envoyé des députés à Vercingétorix, chef de la ligue contre César, afin de faire alliance avec lui. L'occasion leur parut favorable pour secouer le joug des Romains. S'étant emparés des postes qui gardaient la ville, ils massacrèrent la garnison, firent conduire les otages à Autun, partagèrent entre eux l'argent et les vivres, jetèrent dans la Loire ce qu'ils ne purent emporter, et, ne se sentant pas en force pour se maintenir dans la ville, la livrèrent aux flammes.

Jacques Taveau prétend que *Noviodunum* fut la première ville des Gaules où l'Evangile fut annoncé, et que saint Savinien, saint Potentien et saint Altin y vinrent par l'ordre même de saint Pierre, l'an 45 de Jésus-Christ. Cette opinion ne nous paraît pas soutenable, et les premières traces du christianisme en ces contrées ne se révèlent que vers le milieu du IIIe siècle. La persécution suscitée sous l'empereur Aurélien y fit de nombreux martyrs parmi lesquels nous citerons saint Révérien, évêque d'Autun, à Nevers même, saint Paul prêtre, saint Péreuse et saint Pèlerin, qui tous scellèrent la foi de leur sang entre les années 272 et 303.

Au commencement du Ve siècle, le Nivernais faisait partie du premier royaume de Bourgogne. Nevers devint le siége d'un évêché vers la fin du siècle suivant. Sa position sur la rive droite de la Loire, au confluent de la Nièvre la rendait importante comme place militaire alors que la France était bornée par la Loire, l'Aquitaine, l'Auvergne et le Berri qui obéissaient à des souverains différents. Pepin le Bref la choisit pour le centre de ses opérations dans la guerre acharnée et cruelle qu'il fit au malheureux Waïfre, duc d'Aquitaine. Pendant cette guerre, Pepin tint à Nevers, en 763, l'assemblée des grands du royaume appelée alors Champ-de-Mai. Au IXe siècle, Charles le Chauve y séjourna plusieurs fois et y établit un atelier monétaire. En 952, elle fut assiégée, prise et brûlée par Hugues le Grand, duc de France. Dévastée de nouveau dans le siècle suivant, elle ne se releva de ses ruines que vers la fin du XIIe siècle. Alors, Pierre de Courtenay, comte de Nevers, l'entoura de hautes et épaisses murailles, et comprit dans l'enceinte le bourg de Saint-Etienne, les abbayes de Saint-Martin, de Notre-Dame, de Saint-Sauveur et de Saint-Victor et ses faubourgs. Au XIVe siècle, les Anglais tentèrent en vain de s'emparer de Nevers. La ville, assise dans une forte position, résista et n'eut que ses faubourgs dévastés. Il en fut de même dans les guerres civiles qui désolèrent la France pendant les deux siècles suivants.

En 1790, le revenu de l'évêché de Nevers était de 20,000 livres et sa taxe en Cour de Rome de 2,150 florins. Les barons de Druy, de Poiseux, de Cours et de Givry, étaient tenus de porter l'évêque de Nevers lorsqu'il faisait sa première entrée solennelle dans sa ville épiscopale. Ce prélat était en outre seigneur temporel des châtellenies de Prémery, d'Urzy et de Parzy. On comptait dans le diocèse 271 paroisses qui ressortissaient du parlement de Paris et des généralités de Moulins, de Bourges, de Dijon, d'Orléans et de Paris. Il se composait : 1o de la contrée renfermée entre la Loire et l'Allier ; 2o des pays riverains situés sur la rive gauche de l'Allier et sur la rive gauche de la Loire depuis et compris Mornay jusque vis-à-vis La Charité ; 3o du territoire qui s'étend depuis la Loire jusqu'à l'Yonne, ayant pour bornes au nord-ouest une ligne qui, partant de La Charité, finissait à Clamecy, en renfermant Champlemy dans un angle.

Il y avait en 1790 dans le diocèse cinq églises collégiales : 1° Tannay, fondée en 1201; 2° Saint-Pierre-le-Moutier, fondée en 1520 par Dreux de Mello, chanoine de Nevers; 3° Moulins-Engilbert, fondée par Philippe de Moulins, mort évêque de Noyon le 31 juillet 1409 et dont la fondation fut confirmée par une bulle datée d'Avignon le 17 avril 1378; 4° Prémery, fondée en 1196, et 5° Dornes. La collégiale de Frasnay-les-Chanoines, mentionnée pour la première fois en 1766 au chapitre cathédral par Jean-Antoine de Tinseau.

On y comptait 3 abbayes d'hommes et une de filles. Les abbayes d'hommes étaient : 1° Bellevaux, de l'Ordre de Prémontré, fondée en 1188 sous l'invocation de Notre-Dame; 2° Saint-Étienne, de l'Ordre de Saint-Benoît, fondée vers 1063; 3° Saint-Martin, de l'Ordre de Saint-Augustin. L'abbaye de filles était celle de Notre-Dame de Nevers et appartenait à l'Ordre de Saint-Benoît.

Le chapitre de la cathédrale dédiée jusqu'en 802 à saint Gervais et à saint Protais, et depuis à saint Cyr, était composé d'un doyen, d'un grand-archidiacre, celui de Nevers, d'un trésorier, d'un grand-chantre, d'un second archidiacre, celui de Decize, qui étaient dignités, d'un sacristain et d'un écolâtre qui étaient personats, et de 36 chanoines prébendés. Le doyenné était électif par le chapitre, confirmatif par l'évêque, la chantrerie et le second archidiaconé, à la nomination du roi, les autres dignités et canonicats à la collation de l'évêque. Par un usage assez singulier, le trésorier avait le droit d'assister au chœur l'épée au côté, botté, éperonné et l'oiseau sur le poing.

Le diocèse ancien de Nevers comprenait deux archidiaconés composés du doyenné de la cathédrale, et de neuf archiprêtrés qui, pendant le XVIIIe siècle, furent portés au nombre de 15. Le grand archidiaconé, appelé l'archidiaconé de Nevers, comprenait les archiprêtrés suivants : 1° Nevers, ville et faubourgs; 2° l'archiprêtré du Vaux ou des Vaux de Nevers, plus tard divisé en archiprêtré des Vaux et en archiprêtré de La Rivière; 3° l'archiprêtré de Parigny-les-Vaux; 4° celui de Magny; 5° de Saint-Pierre-le-Moutier; 6° de Prémery, dont on détacha plus tard le doyenné de Tannay; 7° l'archiprêtré de Tannay; 8° l'archiprêtré de Lurcy-le-Bourg, partagé plus tard en archiprêtré de Saint-Révérien et en archiprêtré de Saint-Saulge; 9° l'archiprêtré de Saint-Saulge.

Le petit archidiaconé, appelé aussi archidiaconé de Decize ou archidiaconé du Morvan, comprenait les archiprêtrés suivants :

10° archiprêtré de Decize; 11° de Moulins-Engilbert; 12° de Château-Chinon; 13° de Châtillon en Bazois; 14° de Thianges, dont fut détaché plus tard l'archiprêtré suivant, et enfin, 15° l'archiprêtré de Prye sur l'Ixeure et La Fermeté.

Les armoiries de l'Evêché étaient : *de gueules, à 3 châteaux d'or, posés 2 et 1, au chef d'azur semé de France.* Celles du chapitre : *de gueules, au sanglier défendu d'argent, chargé d'un saint Cyr au naturel et au nimbe d'or, au chef cousu d'azur, semé de France.* Celles du doyenné : *d'azur, semé de fleurs de lis d'or, à une hure de sanglier brochant sur le tout, parti d'azur, à 3 pommes de pin d'or.*

Dès sa fondation, le siége épiscopal de Nevers fut attribué à la métropole de Sens à laquelle il appartint jusqu'à la révolution française. La constitution schismatique du clergé le fit passer en 1790 dans le ressort de la province ecclésiastique, décorée du nom de Métropole centrale. Supprimé par le Concordat du 15 juillet 1801, l'évêché de Nevers fut incorporé dans le diocèse d'Autun, sous la dépendance de l'archevêché de Besançon. Rétabli par la bulle du 6 octobre 1822, il fut restitué à la métropole de Sens dont il relève encore aujourd'hui.

Le chapitre actuel est composé de 9 chanoines titulaires, y compris l'archiprêtre de la cathédrale dont la cure a été réunie au chapitre par ordonnance royale du 10 mars 1840. L'évêque est assisté de deux vicaires généraux agréés par le Gouvernement et d'un certain nombre de vicaires généraux honoraires. Il y a aussi un nombre indéterminé de chanoines honoraires résidants ou non résidants. Voulant perpétuer le souvenir de l'empressement avec lequel le clergé du diocèse de Nevers réuni en synode, acclama dès 1849, la vérité de l'Immaculée Conception, Sa Sainteté le pape Pie IX a, par un bref en date du 8 juin 1855, accordé aux chanoines titulaires et honoraires de ce diocèse une décoration consistant en une croix d'argent avec rayons d'or qui se suspend au cou par un large ruban rouge liseré de bleu, et qui porte d'un côté l'effigie de la sainte Vierge, et de l'autre, celle de saint Cyr, patron de la cathédrale.

Le département de la Nièvre forme la circonscription de ce diocèse divisé en deux archidiaconés, 1° celui de Nevers, 2° celui de Bethléhem en souvenir du siége épiscopal qui a subsisté à Clamecy depuis la fin du XIIIe siècle jusqu'en 1790, en six archiprêtrés, Nevers, Clamecy, Cosne, Château-Chinon, Decize, La Charité, et en 26 doyennés ruraux. Il s'y trouve 5 cures de première classe, 25 cures de 2e classe, et environ 270 succursales et 35 vicariats. Cent huit prélats ont occupé ce siége épiscopal; sur ce nombre, huit ont reçu les honneurs de la canonisation.

L'Eglise de Nevers a eu déjà plusieurs historiens parmi lesquels nous citerons : Michel Cotignon, né en 1563 d'une famille originaire de Moulins-Engilbert, chanoine et archiprêtre de la cathédrale de Nevers, auteur d'un ouvrage intitulé : *Catalogue historial des évêques de Nevers, recueilli et dressé selon leur ordre*, Paris, Fr. Pommeray, 1616, in-8°; Gui Coquille, qui, avant Cotignon, avait très-sommairement traité le même sujet dans son *Histoire du pays et du duché de Nivernais*, Paris, Langelier, 1612, in-4°; Pierre de Frasnay, né en 1676 à Nevers où il est mort en 1753, qui travailla à l'histoire des évêques de Nevers et publia divers *essais historiques sur le Nivernais* dans les Mercures de septembre et décembre 1738, janvier, février, avril et juin 1739; et Antoine-Charles Parmentier, né à Paris, archiviste de la chambre des comptes du duché de Nevers, mort en cette ville le 1er janvier 1791. On a de lui une *Histoire chronologique des évêques de Nevers* demeurée manuscrite. C'est lui qui fournit aux Bénédictins de la congrégation de Saint-Maur, les mémoires qui ont servi à rédiger tout ce qui concerne l'évêché de Nevers dans la *Gallia christiana*. N'oublions pas aussi Jean-François Née de La Rochelle (né à Paris le 9 novembre 1758, mort le 16 février 1838), qui a corrigé et augmenté et mis en nouvel ordre les *Mémoires pour servir à l'histoire civile, politique et littéraire, à la géographie et à la statistique du départment de la Nièvre commencée par son aïeul Jean Née*, Paris, Merlin, 1827, 3 vol. in-8°. Son 1er volume renferme la série des évêques de Nevers. M. Louis Rapine de Sainte-Marie a également publié une chronologie des évêques de Nevers dans ses *Recherches sur Nevers*, Nevers, Lefèvre jeune, 1811, in-8°.

On doit à M. l'abbé Crosnier, vicaire général de Nevers et protonotaire apostolique, un excellent et consciencieux ouvrage qui a pour titre : *Monographie de la cathédrale de Nevers, suivie de l'histoire des évêques de Nevers*, Paris et Nevers, 1854, 1 vol. gr. in-8° de 422 pages et 15 planches. Ce travail nous a été fort utile.

ÉVÊQUES DE NEVERS.

1. — SAINT EULADE (505-516.)

L'histoire ne nous a rien transmis sur la famille, les premières années et les commencements de son épiscopat. Ce que nous connaissons de lui nous est fourni par Fauste, disciple, ami et historien de saint Séverin, abbé de Saint-Maurice en Valais (*Agaunum*).

Le roi Clovis Ier, malade depuis deux ans d'une fièvre opiniâtre contre laquelle avait échoué tout l'art des médecins, pria saint Séverin de venir en France et sollicita le secours de ses prières. C'était en l'an 505. Le pieux cénobite se mit en route accompagné de Fauste qui devait plus tard devenir son biographe. Arrivé à Nevers, il entra dans l'église cathédrale pour y faire sa prière et fut étonné de n'y point trouver l'évêque. En apprenant qu'Eulade était depuis un an gisant sur son lit, en proie à une maladie cruelle qui, en le privant de l'usage de l'ouïe et de la parole, le mettait dans l'impossibilité d'offrir le saint sacrifice, Séverin touché de compassion se fit introduire dans la chambre du vénérable prélat. Là, s'étant mis en prières, il rendit à Eulade l'ouïe et la parole, et le conduisit ensuite à l'autel pour y rendre grâces à Dieu qui avait manifesté sa miséricorde envers lui d'une façon si éclatante.

Le saint prélat consacra le reste de ses jours à la direction de son troupeau et s'endormit du sommeil des justes le samedi 26 août 516. L'Église de Nevers célèbre ce même jour la fête d'Eulade que Coquille, les frères Sainte-Marthe et Mabillon même croient être le même que saint Æolade dont nous parlerons plus bas. Mais en admettant cette opinion, nous ne voyons pas comment le fait avancé par le moine Fauste pourrait être réfuté.

2. — TAURICIEN (517-537).

Cet évêque souscrivit en 517 au concile réuni à Épaone, au diocèse de Vienne, aujourd'hui Albon, ainsi que l'a prouvé dans un savant Mémoire, en 1763, M. Annet de Pérouse, évêque de Gap, et mourut vers 537.

3. — RUSTIQUE (538-548).

Il assista au troisième concile d'Orléans convoqué le 7 mai 538, et au quatrième concile tenu en 541 dans la même ville. Sa mort arriva vers 548.

4. — SAINT ARÉ ou AREY ou ARIGE (549-558).

Ce prélat dont tous les anciens livres de l'Église de Nevers célèbrent la science et les vertus éminentes, était, selon la tradition, un étranger que la Providence avait conduit à Nevers. L'étude des saintes Écritures à laquelle il s'adonna dès ses plus jeunes années, développa dans son cœur une charité ardente et un zèle infatigable dont il donna mille preuves, lorsque la voix unanime du peuple et du clergé du diocèse lui eût déféré la crosse épiscopale.

Saint Aré mit tout en œuvre pour extirper dans la contrée les restes de l'idolâtrie et pour la purger du poison de l'hérésie et du vice. Lié d'une étroite amitié avec les papes Vigile et Pélage Ier, il se rendit plusieurs fois à Rome pendant la durée de son épiscopat, pour les visiter l'un et l'autre. Ce fut au retour de l'un de ses voyages qu'un de ses serviteurs, nommé Ours, ayant trouvé la mort dans les eaux débordées de la Nièvre qu'il avait tenté de franchir à cheval pour prévenir les habitants de Nevers de l'arrivée de leur évêque, il pria Dieu avec ferveur de lui rendre celui qui venait de périr si misérablèment et eut le bonheur de voir sa prière exaucée. En mémoire de ce miracle, lorsqu'on eut reconstruit le pont que les eaux avaient enlevé, on lui donna le nom de pont Saint-Ours, qu'il porte encore aujourd'hui.

Saint Aré assista et souscrivit au cinquième concile d'Orléans tenu le 28 octobre 549 contre les Nestoriens et les Eutychéens et au deuxième concile de Paris qui, en 552, prononça la déposition de Saffarac, évêque de cette ville.

Il avait désigné pour le lieu de sa sépulture une chapelle qu'a vaient construite à Decize, en l'honneur de la Sainte Vierge, deux pieux solitaires nommés Euphraise et Auxile. Ses désirs furent accomplis. Sa mort étant arrivée le 16 août vers l'an 558, il fut inhumé dans cette chapelle, agrandie plus tard et devenue l'église paroissiale de Decize. Pendant la révolution, les reliques de saint Aré furent retirées du tombeau qu'on voit encore dans la crypte de l'église de Decize et brûlées au milieu du chœur. La fête de saint Aré se célèbre le 16 août.

5. — EUPHRONE (558-566).

Malgré l'assertion de quelques auteurs qui donnent pour successeur à saint Aré, un évêque appelé *Clément* dont la siguature se trouve sur les canons des deux conciles d'Orléans et de Paris en 549 et en 552, il est reconnu par l'Église de Nevers qu'Euphrone succéda immédiatement à saint Aré. Ce prélat assista, dit-on, le 23 décembre 558, aux obsèques du roi Childebert, et souscrivit à une charte donnée par saint Germain, évêque de Paris, en faveur de l'église de Sainte-Croix et de Saint-Vincent, aujourd'hui Saint-Germain-des-Prés. Cette opinion est cependant controversée, car l'évêque du nom d'Euphrone présent à la dédicace de cette église et aux funérailles de Childebert est partout désigné comme évêque de Tours. Trois prélats dont on ne rapporte pas le nom et sur le siége desquels les historiens ne sont pas d'accord, assistèrent aussi à cette cérémonie, et il se pourrait qu'Euphrone de Nevers fût un de ceux-là. On ne saurait préciser non plus si c'est lui ou son homonyme de Tours qui, en 557, assista au troisième concile de Paris où l'on dressa dix canons, pour prévenir la dispersion des biens des Églises, que les rois francs donnaient alors au premier venu.

Euphrone mourut en 566.

6. — SAINT ÆOLADE (566-580).

Les historiens ne nous ont transmis que fort peu de renseignements sur cet évêque confondu souvent avec saint Eulade, à cause de la ressemblance du nom. Il assista en 567 au concile présidé à Lyon par saint Nizier, métropolitain de cette ville, et par saint Philippe, métropolitain de Vienne, et où furent condamnés pour leurs mauvaises mœurs Salonius, métropolitain d'Embrun, et son frère Sagittaire, évêque de Gap.

Sentant sa fin prochaine, il pria Dieu de lui donner saint Agricole pour successeur, et mourut le 28 août vers 580, jour où sa fête est indiquée dans les anciens livres de l'Église de Nevers. Le supplément du Martyrologe gallican de du Saussay en fait mention au 26 février. Suivant les auteurs de la *Gallia christiana* et Michel Cotignon, on voyait autrefois dans l'église de Saint-Étienne de Nevers le tombeau de saint Æolade. Parmentier, au contraire, prétend que ce tombeau était celui de saint Eulade.

Quoi qu'il en soit, on invoquait saint Æolade contre la fièvre, et une confrérie avait été établie dans cette église à cette intention.

7. — SAINT AGRICOLE OU VULGAIREMENT ARIGLE (580-594).

Il naquit de parents riches et distingués dans la petite ville d'Alise, aujourd'hui Sainte-Reine, au diocèse de Dijon. Le poète Venance Fortunat qui occupa plus tard le siége épiscopal de Poitiers, fut élevé dans la maison du père de saint Agricole et dédia à ce dernier une pièce de vers dans laquelle il exalte la pureté de sa foi, ses talents administratifs, ses vertus et sa noblesse.

Agricole, que le roi Gontran avait chargé du gouvernement du Nivernais ou du moins d'une partie de ce pays, mérita par sa réputation de sainteté et de justice l'honneur d'être choisi pour succéder à saint Æolade. Son élection fut agréée par le roi Gontran. Le nouvel évêque assista en 581 au premier concile de Mâcon, à celui de Lyon en 583, et au deuxième de Mâcon qui s'ouvrit le 28 octobre 585. Il dut faire également partie de l'assemblée qui, tenue en 589 à Châlon-sur-Saône, par ordre de Gontran, confirma l'excommunication prononcée contre les religieuses du monastère de Sainte-Radegonde de Poitiers, par le concile de cette ville : car on trouve son nom dans la lettre écrite à ce sujet par saint Æthère, évêque de Lyon, et les Pères du concile aux évêques de la province de Bordeaux.

Mort après treize ans d'un sage épiscopat, le vendredi 26 février 594, saint Agricole fut inhumé dans l'église de Saint-Vincent à Nevers, qu'il avait fondée et où il avait établi une communauté de filles qui fut le premier monastère connu en cette ville. Cette église prit plus tard le nom de Saint-Arigle, fut érigée en paroisse en 1075 et fut démolie pendant le règne de la Terreur. Les reliques du saint prélat avaient été déposées dans une châsse en 1590 par Arnaud Sorbin, évêque de Nevers, et placées dans une chapelle au côté droit de l'autel de cette église. Elles ne purent trouver grâce auprès des Vandales de 1793 et furent alors dispersées; mais on eut le bonheur d'en sauver une partie qui fut déposée dans l'église de Nolay près de Nevers. En 1818, elles furent presque entièrement transférées avec solennité dans l'église de Saint-Étienne à Nevers.

En 1832 et en 1849, lorsque le choléra exerçait ses ravages en cette ville, on descendit la châsse de saint Arigle et on l'exposa à la vénération des fidèles.

Sa fête est célébrée à Nevers le 3 juillet, bien que les anciens livres de ce diocèse fassent mémoire du saint prélat le 29 juin, époque à laquelle eut sans doute lieu la translation de ses reliques. L'occurrence de la fête des saints apôtres Pierre et Paul a déterminé ce changement.

8. — FULCILE ou FURCILE (594-613).

Le nom seul de ce prélat nous est parvenu, bien qu'il ait occupé dix-neuf ans environ le siége épiscopal de Nevers. Les frères Sainte-Marthe l'ont même omis dans leur catalogue. Quelques autres auteurs lui ont donné le titre de saint.

9. — RAURAQUE (613-vers 655).

Successeur de Fulcile vers l'an 613, il présida en 625 aux obsèques de saint Austregisile, archevêque de Bourges, et ce fut à sa prière que Théodulphe Babolein, moine de Luxeuil, qui, en 638, venait de fonder près de Paris le monastère des Fossés dont il était premier abbé, établit à Nevers pour des religieuses le couvent de Notre-Dame. Déjà la première année de son épiscopat avait vu saint Colomban, abbé de Luxeuil, jeter les fondements du monastère de Saint-Etienne, à Nevers. Rauraque souscrivit au troisième concile tenu à Châlon-sur-Saône le 25 octobre 644 par ordre de Clovis II, et, le 22 juin 653, à celui de Clichy où furent rédigés les priviléges de l'abbaye de Saint-Denys.

On trouve dans la Collection des Historiens français (tome IV, page 44) une lettre de Rauraque de Nevers, à saint Didier, évêque de Cahors.

L'époque de sa mort n'est point certaine.

10. — LÉODEBAUD (vers 658).

Mabillon pense que c'est ce prélat qui, en souscrivant en 658 aux priviléges accordés par saint Emmon, métropolitain de Sens, au monastère de Sainte-Colombe, accompagna son nom du titre de *Nebernencium seu Nevernensium episcopus* (Cf. Mabillon, *Annal. Benedict. ad annum* 658, n° 63).

11. — HÉCHER (vers 658).

Son nom seul nous est parvenu. On le trouve sur une charte d'exemption accordée en la même année 658 par saint Emmon, métropolitain de Sens, au monastère de Saint-Pierre-le-Vif. (Cf. Mabillon, *Annal. Benedict. ad annum* 658, n° 64, et *Acta SS. ordinis S. Bened.*, sæcul. III; p. 2, pp. 613 et 614).

12. — SAINT-DIÉ ou DÉODAT (665-668).

Issu d'une illustre famille de la France occidentale, il fut élu vers 665 évêque de Nevers et remplit son ministère en pasteur qui ne cherche que la gloire de Jésus-Christ. L'amour de la perfection et l'attrait que Dieu lui avait donné pour la retraite, lui firent, trois ans après, quitter son siége, pour aller passer le reste de ses jours dans une solitude.

Ayant engagé ses diocésains à lui chercher un successeur, il quitta Nevers et se retira dans les montagnes des Vosges. Déodat pénétra dans l'Alsace, espérant fixer son séjour en quelque lieu reculé de la forêt de Haguenau. Il s'y lia d'une étroite amitié avec saint Arbogaste qui y menait depuis quelque temps la vie érémitique et qui devint plus tard évêque de Strasbourg; mais ayant essuyé diverses contrariétés de la part des habitants de ce pays, il se retira dans l'île de Novientum ou d'Ebersheim. Depuis l'an 661, quelques solitaires y vivaient en communauté, dans une sorte d'ermitage. Leur supérieur reçut Déodat qui vit bientôt autour de lui un grand nombre de disciples. Soutenu par la protection de Childéric II, roi d'Austrasie, Déodat bâtit une église en l'honneur des apôtres saint Pierre et saint Paul, l'enrichit des reliques du martyr saint Maurice qu'il avait obtenues d'Ambroise, abbé du monastère dédié à ce martyr en Valais, en fit la dédicace en présence d'une grande foule de peuple de l'Alsace et de la

Lorraine, et telle fut l'origine de l'abbaye d'Ebersmunster (*Apri monasterium*).

Abandonnant ensuite le gouvernement de cette abbaye qui ne lui permettait point de vaquer librement à la contemplation, Déodat quitta Ebersmunster et se retira aux environs d'Ammershwirr où il se construisit un ermitage. Les habitants de ce lieu l'ayant obligé à quitter cette retraite, il retourna dans les montagnes des Vosges et s'arrêta dans une vallée qu'il nomma *le val de Galilée* et qu'on appelle aujourd'hui *le val de Saint-Dié*. Il y bâtit une cellule et une chapelle sous l'invocation de saint Martin. Le grand nombre de personnes qui vinrent se mettre sous sa conduite le décida vers 670 à construire un monastère plus vaste où il renferma ses disciples auxquels il imposa la règle de Saint-Colomban qu'ils quittèrent plus tard pour celle de Saint-Benoît. Le roi Childéric II lui donna en même temps la propriété de toute la vallée. Ce monastère fut nommé Jointures, à cause de la jonction de deux rivières, le Rotbach et la Meurthe.

Saint Déodat se retira sur la fin de ses jours dans son ancienne cellule, auprès de la chapelle de Saint-Martin, n'en continua pas moins à gouverner ses religieux et mourut le dimanche 19 juin 679 entre les bras de saint Hidulphe, son ami. Autour de son monastère une ville se forma et prit le nom de Saint-Dié. L'abbaye fut sécularisée en 954 et remplacée par un chapitre de Chanoines qu'une bulle du 21 juillet 1777 érigea en évêché.

En 1635, l'armée suédoise brûla la châsse et les reliques de saint Dié, dont le corps avait été levé de terre en 1003 par les soins de Béatrix, duchesse de Lorraine. La vie de saint Dié, publiée par les Bollandistes et par Mabillon, paraît avoir été écrite avant la sécularisation de l'abbaye et fut approuvée par le pape saint Léon IV.

Le P. Le Cointe, confondant saint Déodat, avec Adéodat, évêque de Toul, place sa mort en 684, et le P. Labbe, par une erreur inconcevable, le fait mourir un siècle plus tard, en 769.

13. — GILBERT (668-671).

Mentionné sur d'anciennes chartes, mais rejeté par divers auteurs, cet évêque paraît avoir siégé de 668 à 671.

14. — ROGUS (672-vers 690).

Les manuscrits de l'Eglise de Nevers mentionnent son épiscopat en 672 et sa mort est fixée vers l'an 690.

15. — SAINT ITHIER (690-696).

Il naquit à Nogent-sur-Vernisson, petit bourg qui appartient aujourd'hui au diocèse d'Orléans et qui est situé près de Montargis. Doué de connaissances variées et étendues pour son siècle, Ithier, prêtre et médecin à la fois, était doublement utile à son prochain en lui procurant la santé de l'âme et celle du corps. Vainement voulut-il se retirer dans un lieu désert et inculte pour y vaquer plus librement à la prière et à la méditation, les malades accoururent vers lui comme auparavant.

Sa réputation de sainteté le fit placer vers 690 sur le siége épiscopal de Nevers où il montra toutes les vertus qu'on avait remarquées en lui dans la retraite. Le pape Sergius Ier désira le voir, et l'appela à Rome. Il y resta pendant dix-huit mois et ne revint dans le diocèse que sur les instances pressantes de son clergé et de son peuple.

Saint Ithier mourut plein de mérites dans le Berri, le 8 juillet vers 696. Son corps fut transporté à Nogent-sur-Vernisson, mais les Calvinistes le brûlèrent au XVIe siècle. On fut toutefois assez heureux pour préserver de la destruction quelques reliques du saint évêque, notamment un doigt qui, déposé dans l'église de Nogent, a été authentiquement reconnu en 1840.

Il existe à Nogent une fontaine qui porte le nom de Saint-Ithier, et à laquelle on va en procession pendant les sécheresses. L'église collégiale et aujourd'hui paroissiale de Sully-sur-Loire ainsi que l'église collégiale et actuellement paroissiale des Aix-d'Angillon sont placées sous l'invocation de saint Ithier.

La vie de saint Ithier a été imprimée à Bourges, chez Toubeau, en 1657, in-8o.

16. — EBARCIUS (696-701).

Nous n'avons rien de certain sur cet évêque que Coquille désigne comme le successeur immédiat de saint Dié, et que Le Cointe indique comme siégeant en 766. Un prélat de ce nom souscrivit le 6 mars 696 à un privilége accordé au monastère de

Sainte-Marie ou Notre-Dame-sur-Loire par Airard, évêque de Chartres, monastère qu'avait fait bâtir dans une ville sur le bord de la Loire, Adrebertane, mère de Déodat, l'un de ses prédécesseurs sur le siége de Chartres, et que Mabillon croit être Bourg-Moyen, à Blois. Un Ebarcius assista l'année suivante à un plaid tenu par Childebert III à Noisy-sur-Marne. Il n'est guère possible de se prononcer à cet égard. A cette même époque, les siéges de Tours et de Poitiers se trouvaient également occupés par des évêques appelés Ebarcius ou Eparcius. L'évêque de Nevers connu sous ce nom paraît avoir siégé jusqu'en 701.

17. — OPPORTUN (702-720).

On ne connaît que le nom de cet évêque qui dut siéger depuis l'an 702 jusqu'à vers l'an 720.

18. — SAINT NECTAIRE (720-726).

Les actes de son épiscopat ne nous sont point parvenus, mais on croit qu'il abdiqua pour se retirer dans une solitude en 726. D'après l'ancien Martyrologe de Nevers, saint Nectaire mourut dans le territoire de Bourges, et l'on place communément sa mort en 746.

19. — CHEBROALD (726-vers 749).

Mabillon présume que ce prélat souscrivit en 747 au testament de saint Widrade ou Guiraud, abbé de Flavigny.

20. — RAGINFROI ou RAINFROI (752-769).

Évêque dès 752, il donna quelques biens situés à Bourdenay au monastère de Saint-Martin qu'on trouve ici mentionné pour la première fois dans l'histoire. Il mourut entre les années 767 et 770.

21. — WALDO ou GAUD (770-795).

Son nom seul nous est parvenu, bien qu'il ait occupé le siége épiscopal pendant plus de vingt-cinq ans.

22. — SAINT JÉROME (796-815).

Né dans le Nivernais de parents riches et distingués, il fut élu vers 796 pour succéder à Gaud, et, malgré sa résistance à décliner un honneur dont il se croyait indigne, il reçut la consécration épiscopale des mains de Bernard, métropolitain de Sens.

Une longue série de guerres désastreuses avait mis le diocèse de Nevers dans le plus déplorable état, la plupart des églises avaient été pillées, les monastères avaient été dévastés, la cathédrale tombait en ruines, et des pauvres nombreux réclamaient de prompts secours. Tant de calamités ne découragèrent point le saint prélat qui, après avoir consacré une partie de son patrimoine à la subsistance de ses malheureux diocésains, consacra le reste à la réédification des monastères de Saint-Genès, de Saint-Martin et de quelques églises. Plein de dévotion à saint Cyr et à sainte Julitte sa mère, par l'intercession desquels il avait peut-être obtenu quelque grâce spéciale, il résolut de mettre son diocèse tout entier sous la protection de ces héroïques martyrs en leur dédiant la nouvelle cathédrale qu'il espérait faire construire à Nevers. Déjà il avait élevé en leur honneur une chapelle attenante à sa cathédrale.

Il profita d'une assemblée de prélats, convoquée à Paris par Charlemagne, pour obtenir de ce prince la restitution des terres et châtellenies d'Urzy, de Parzy et de Prémery dont ses prédécesseurs avaient été dépouillés, et l'établissement du prieuré de Saint-Sauveur dans sa ville épiscopale. Grâce aux libéralités de Charlemagne, il commença l'œuvre qui, jusques-là, avait occupé toutes ses pensées, et afin de dédier plus dignement la nouvelle Église-Mère du diocèse, il fut assez heureux pour obtenir de saint Aaron, évêque d'Auxerre, le bras de saint Cyr que saint Amateur avait autrefois donné à saint Savin, et que celui-ci avait laissé à Auxerre en partant pour le Poitou. Jérôme transporta ce précieux trésor à Nevers, le 27 octobre 802, le déposa dans la nouvelle cathédrale, et depuis cette époque, saint Cyr et sainte Julitte devinrent les premiers patrons du diocèse.

Jérôme fit élever l'église de Magny sur le tombeau de saint Vincent le confesseur, prêtre de cette paroisse, qui y avait été inhumé dans l'église de Saint-Nazaire, il érigea à Sauvigny-les-Bois, terre qui lui appartenait ainsi que Marzy, une église qu'il dédia à saint Etienne, fut le bienfaiteur des abbayes de son diocèse, et, après avoir assisté à un concile tenu à Tours en 813 par l'ordre de Charlemagne pour rétablir la discipline ecclésiastique, mourut plein de mérites et de vertus le lundi 5 février 815. On l'inhuma ce même jour dans l'église abbatiale de Saint-Martin. Sa fête est célébrée le 8 octobre, jour où sans doute son corps fut levé de terre.

23. — JONAS (815-830).

Sous son épiscopat, Antide, Odilon et Bernois, par un acte du 13 octobre 817, donnèrent à l'église de Saint-Étienne de Sauvigny-les-Bois, tous leurs biens situés dans un village que la charte de donation appelle *Leobarnago*, et que nous croyons être *Barnaudé*, commune de Montambert.

Ce prélat donna tous ses soins à la restauration des églises du diocèse et obtint de l'empereur Louis le Débonnaire la confirmation des biens restitués par Charlemagne à l'évêché de Nevers. Ce même prince lui accorda ainsi qu'à son Eglise le privilége de pouvoir tenir deux bateaux francs de tous droits sur les rivières de Loire, Allier, Cher, Sarthe et Maine, pour la provision du sel et autres denrées nécessaires à la subsistance des clercs de Saint-Cyr. Il assista au concile tenu à Paris le 6 juin 829 dans l'église de Saint-Étienne-des-Grés, et mourut le mercredi 11 mai 830 à Nevers.

C'est à tort que certains catalogues placent ici un évêque du nom d'*Énéas* qui n'aurait fait que paraître sur le siége de Nevers. Enéas et Jonas ne font qu'un seul et même personnage.

24. — GERFROI (830-835).

Il souscrivit au privilége accordé en 833 au concile de Worms, à l'abbaye de Saint-Remi de Sens par saint Aldric, archevêque de cette ville.

25. — HUGUES Ier (835-840).

Un très-ancien catalogue le désigne, en 836, comme successeur de Gerfroi, et sous son épiscopat, une église sous l'invocation de saint Front fut érigée à Cosne qui appartenait alors au diocèse d'Auxerre.

26. — HÉRIMAN (840-860).

Ce fut vers 840 qu'il monta sur le siége épiscopal. Par un rescrit daté de Bourges le 12 janvier 841, Charles le Chauve confirma en sa faveur les biens et priviléges que Pépin le Bref, Charlemagne et Louis le Débonnaire avaient accordés à l'Église de Nevers. Le 12 janvier 843, Hériman obtint du même prince un nouveau rescrit qui conférait aux habitants de Nevers seuls le droit d'élire leur évêque. Cette même année, on le trouve au concile de Germigny, dans l'Orléanais.

Ce que saint Jérôme arrêté par la mort avait eu l'intention de faire, ce que Jonas avait commencé, Hériman s'efforça de l'accomplir. Il fonda le chapitre de son Eglise cathédrale, et affecta à l'entretien et à la dotation des quarante, d'autres disent, des soixante chanoines dont il le composa, les terres de Parigny-les-Vaux (celle-ci lui appartenait), de Sauvigny-les-Bois, de Guérigny, de Germenay et quelques autres situées dans le Nivernais et dans l'Avallonnais et qu'il tenait de la libéralité de l'abbé Hermod, son oncle. Il établit aussi seize chanoines dans l'abbaye de Saint-Martin et leur assigna, entre autres revenus, tout ce que Rainfroi, l'un de ses prédécesseurs, avait donné à ce monastère au village de Bourdenay. Il fonda également deux hôpitaux, celui de Saint-Lazare pour les pauvres, et celui de Saint-Antoine pour les voyageurs, et leur assura des rentes suffisantes. Le généreux prélat eut le soin de faire approuver et confirmer toutes ces fondations pieuses par les Pères du concile tenu contre Nominoé, duc de Bretagne, à Paris, le 5 novembre 849, auquel il assista, et par un rescrit de Charles le Chauve en date du 24 décembre 850. Vers la même époque, il apposa sa signature à une charte de Lambert, comte et abbé, en faveur de l'abbaye de Saint-Aubin d'Angers.

Il eut peu de temps après le malheur d'être atteint de démence, ce qui l'entraîna dans des fautes nombreuses pour lesquelles il fut cité au concile réuni à Soissons le 26 avril 853. Le concile le suspendit de ses fonctions pendant quelques mois, mais son état s'étant amélioré, il fut rendu au gouvernement de son diocèse par le concile tenu à Verberie le 27 août de la même année. En 857, Hériman souscrivit avec quelques autres prélats à l'élection d'Enée, au siége épiscopal de Paris. Deux ans après, Charles le Chauve, pressé par son frère Louis le Germanique et trahi par une partie de ses troupes, vint à Magny, et fit sur le tombeau de saint Vincent le vœu solennel de rétablir et de doter magnifiquement cette église, si la victoire lui était propice. Sa prière ayant été exaucée, Charles le Chauve tint religieusement sa promesse, et, le 20 décembre 859, soumit l'église de Magny à la cathédrale de Nevers.

Hériman, ainsi qu'il résulte des lettres adressées au pape Nicolas par Venilon, archevêque de Sens, et rédigées au concile de cette province par Loup, abbé de Ferrières, vit à cette époque sa raison s'égarer de nouveau, et cette rechute causa sa mort qui arriva le lundi 22 juillet 860. On l'inhuma selon son désir, dans la chapelle de Saint-Jean-Baptiste, en l'église de Notre-Dame à Nevers. Le chapitre était dans l'usage de célébrer un anniversaire pour le repos de l'âme d'Hériman en reconnaissance des bienfaits que la cathédrale en avait reçus, et pendant longtemps, les fidèles vinrent prier sur le tombeau de ce prélat, comme sur celui d'un saint.

27. — RAGIN (860-861).

On ne sait rien de ce prélat dont l'épiscopat fut de très-courte durée.

28. — ABBON Ier (862-vers 864).

Il souscrivit en 862 au concile de Soissons où Hincmar de Reims fit déposer Rothade, évêque de Soissons.

29. — LUIDO (864-865).

Cet évêque, qui succéda à Abbon vers 864, assista cette année au concile de Pitres et y souscrivit au privilége accordé au monastère de Saint-Germain d'Auxerre. Sous son épiscopat et en 864, saint Égilon, abbé de Flavigny, fonda à Corbigny, qui dépendait alors du diocèse d'Autun, une abbaye de l'Ordre de Saint-Benoît.

30. — ABBON II (866-882).

Il souscrivit au concile tenu à Soissons le 18 août 866, où fut couronnée la reine Hermentrude, femme de Charles le Chauve, et à celui de Troyes ouvert le 25 octobre 867, où Adelard, curé de Magny, fit confirmer les donations accordées en 859 à l'église de Saint-Vincent par ce même prince. En 869, Abbon approuva le privilége donné à l'abbaye de Saint-Pierre-le-Vif, par saint Egilon, ancien abbé de Flavigny, alors archevêque de Sens, et signa la même année plusieurs diplômes royaux accordés à l'abbaye de Saint-Vaast d'Arras.

Ansold, archidiacre de Nevers, souscrivit en son nom au concile de Douzy tenu le 5 août 871.

Abbon se trouva ensuite au concile de Châlon-sur-Saône en 875, où furent confirmés les priviléges de l'abbaye de Tournus, à celui de Ponthion en 876, et enfin, en 878, au second concile de Troyes, où, le 10 septembre, il obtint du roi Louis le Bègue quelques priviléges pour l'Église de Nevers. La même année, il déposa solennellement dans le monastère de Saissy-les-Bois qui venait d'être restauré, les reliques de saint Bauzile, martyr, que saint Romule, abbé du monastère de ce nom au diocèse de Nîmes, apporta à Nevers pour les mettre à l'abri des incursions des Barbares. En 880, Louis le Bègue donna en sa faveur une charte qui restituait à l'église de Saint-Cyr la terre de Chézy-sur-Loire, et une autre charte donnée le 12 janvier 881 par le roi Carloman rendit également à sa prière la terre de Cours-les-Barres à la cathédrale. Anségise, archevêque de Sens, chargea peu après Abbon de demander pour son Église le corps de saint Romain à Hugues, abbé de Saint-Germain d'Auxerre.

L'évêque de Nevers réussit dans cette pieuse négociation, et mourut le vendredi 7 décembre 882.

Gui Coquille et Michel Cotignon, suivis en cela par des historiens plus modernes, donnent pour successeur à Abbon un prélat du nom de *Guinerius* ou *Guinier* qui n'aurait tenu qu'un an environ le siége épiscopal de Nevers. Nous suivrons ici l'opinion des Bénédictins qui, dans la *Gallia christiana nova*, ont passé cet évêque sous silence.

31. — EMMÈNE OU EUMÈNE (883-892).

Il succéda en 873 à l'évêque Abbon, et, trois ans après, fonda un monastère de religieuses dans le village de Cusset, au comté d'Auvergne, village que possédait alors l'abbaye suburbicaire de Saint-Martin de Nevers, et qui devint l'origine d'une ville. Par une charte datée d'Attigny le 16 août 886, il obtint de Charles le

Gros que ces religieuses, pour marque et reconnaissance de leur subordination et soumission à l'évêque de Nevers, lui paieraient chaque année, au mois de novembre, le jour de saint Martin, une livre d'argent, moyennant laquelle on ne pourrait exiger d'elles aucunes censives ni aucunes décimes. A la prière de Guillaume, comte de Nevers, ce même empereur, par acte du 18 de ce même mois, soumit à la cathédrale de Saint-Cyr l'oratoire de Saint-Révérien, au comté de Nevers, et l'église de Saint-Pierre d'Yseure, au faubourg de Moulins en Bourbonnais. Le 18 décembre de cette même année, Emmène qui avait accompagné Charles le Gros au siége de Paris, sérieusement menacé par les bandes normandes, obtint de ce prince un rescrit qui confirmait toutes les donations faites à diverses époques à l'Église de Nevers. Digoin au diocèse d'Autun et Cusset en Auvergne sont au nombre des possessions mentionnées dans cette dernière charte.

Emmène se trouva en 891 au concile de Meung-sur-Loire, et mourut le mardi 31 octobre 892.

32. — ADALGAIRE (892).

Il est fort douteux que cet évêque ait occupé comme titulaire le siége épiscopal de Nevers, et il nous semble présumable qu'il n'est point différent d'Adalgaire, évêque d'Autun, mort le 31 octobre 893, à Tournus, empoisonné, dit-on, par un moine appelé Gerfroi. Ce prélat, par suite de circonstances que l'histoire ne nous a point révélées, dut administrer l'évêché de Nevers après la mort d'Emmène. Les frères Sainte-Marthe le prétendent issu de la maison de Poitiers, frère du chevalier Landry, oncle de Landry, comte de Nevers, père de Renaud Ier, qui épousa Alix ou Adèle, fille de Hugues-Capet, tige de la maison de Nevers. Les mêmes auteurs ajoutent qu'avant d'être élevé au siége épiscopal d'Autun, Adalgaire était chapelain de Charles le Chauve. Ces assertions ne sont pas plus certaines que ce qu'avance François Chifflet qui affirme que ce prélat naquit dans un village du Velay. Quoi qu'il en soit, Adalgaire ne fut sans doute que simple administrateur de l'évêché de Nevers.

33. — FRANCON (893-906).

Quelques auteurs ont assuré qu'avant son élection à l'évêché de Nevers, Francon avait été abbé de Saint-Pierre-le-Vif, au diocèse de Sens; mais ce fait ne nous semble point prouvé. L'abbé de ce nom avait déjà, lors de la tenue du concile de Meung-sur-Loire en 891, un successeur appelé Aiglon qui assista à cette assemblée.

Quoi qu'il en soit, Francon fut élu en 893 et sacré l'année suivante. Il fit avec un nommé Rancon un échange de terres que le roi Eudes confirma par une charte du 11 juillet 895. En janvier 897, il donna à Teutgrin, l'un de ses chanoines, à la charge d'une rente annuelle de dix sous, payable le 1er mars, l'église de Saint-Symphorien de Meaucé pour en améliorer l'état, et le 27 avril 903, neuvième année de son sacre, il assembla à Nevers un synode diocésain auquel il convoqua ses chanoines cardinaux, ses archiprêtres, ses prêtres forains, etc. Parmi les membres de ce synode, Francon nomme Atton son premier archidiacre ou premier chapelain de sa maison épiscopale et lui accorde quelques droits sur la chapelle de Saint-Vincent de Challuy et sur diverses propriétés situées à Gimouille, à Sermages et à Varennes. Jusqu'à cette époque, aucun acte n'avait mentionné les premiers dignitaires du chapitre de Nevers.

Francon mourut le 9 décembre, vers 906.

34. — ATTON ou HATTON (907-916).

Archidiacre de Nevers sous l'épiscopat de Francon, Atton pour remédier à l'ignorance profonde dans laquelle était plongé le clergé du diocèse, fit venir à Nevers, dès le commencement de son pontificat, Humbauld, moine de Saint-Amand-en-Pevèle, au diocèse de Tournay, pour enseigner aux jeunes clercs la philosophie, la théologie et le chant ecclésiastique. Humbauld venait de remplir les mêmes fonctions dans le diocèse de Reims et s'y était acquis une réputation méritée. Pendant son séjour à Nevers, il composa la vie des saints martyrs Cyr et Julitte, patrons du diocèse.

A cette même époque, la cathédrale élevée par saint Jérôme s'écroula en grande partie; un chanoine resté au chœur pour prier fut enseveli sous ses ruines, et fut préservé de la mort parce que les pierres, en tombant, formèrent comme une voûte au-dessus de sa tête. A l'aspect d'un pareil désastre, Atton prit aussitôt la résolution de faire construire une nouvelle église de forme carrée et d'une étendue plus vaste que la première. Il mena son œuvre à bonne fin; mais cette cathédrale fut plus tard également détruite, et il n'en reste plus que deux colonnes monocylindriques qui même, suivant l'opinion de M. l'abbé Crosnier, dans son excellente Monographie de la cathédrale de Nevers, peuvent avoir appartenu à l'église primitivement bâtie par saint Jérôme.

Atton souscrivit en 908 au testament de Guillaume Ier, duc d'Aquitaine et comte d'Auvergne, fondateur de l'abbaye de Cluny. Sa signature y est suivie de ces mots : *peccator episcopus*. Il enleva au chapitre un alleu situé à Challuy ; mais Atton, son neveu, qui lui avait succédé dans les fonctions d'archidiacre et qui remplissait en outre celles de trésorier de la cathédrale, le lui restitua plus tard.

L'évêque Atton mourut le mardi 10 décembre 916.

35. — LAUNON ou HAINON (917-vers 931).

Cet évêque n'a laissé aucune trace de son passage sur le siége de Nevers. Le nécrologe de cette Église mentionne sa mort à la date du 7 août.

Sous son épiscopat et en 924, l'église du bourg de Saint-Saulge fut donnée à l'abbaye de Saint-Martin d'Autun par Rodolphe, comte de la Bourgogne transjurane, qui y fonda un prieuré de Bénédictins.

36. — TÉDALGRIN (932-947).

Frère de l'évêque Atton, il n'est point fait mention de son pontificat avant 932. Entre les années 933 et 936, mais au plus tard en cette dernière année, il obtint de Gui Ier, évêque d'Auxerre, une partie du chef et l'un des bras de saint Cyr, que le roi Raoul fit enchâsser en or. Tédalgrin célébra la translation de ces reliques dans sa cathédrale le 15 juillet.

A la prière de Geoffroi, comte de Nevers, le roi Raoul, qui avait fait don au chapitre d'une croix d'or et d'un évangéliaire enrichi d'or, confirma à ce prélat quelques biens que le comte tenait de lui en fief, et lui abandonna le quart de la terre de Brinon-les-Allemands et plusieurs églises des environs, notamtamment celles de Chevroches et d'Amanzé. Cette charte est datée d'Auxerre le 12 décembre 935.

Tédalgrin, à l'exemple de son frère Atton, enleva aux chanoines de Saint-Cyr l'alleu situé à Challuy; mais l'archidiacre

Atton, son neveu le leur restitua de nouveau. Au mois d'août 946, il accorda à Nordouin, chevalier, fils du vicomte Eptin et de Grimaud, quelques biens situés au village de Tucy, vicairie de Magny.

Tédalgrin mourut le vendredi 14 mai 947.

37. — GAUBERT (948-956).

Il occupait le trône épiscopal de Nevers au commencement de 948, car depuis cette année, son nom se trouve mentionné en diverses chartes qui, bien qu'elles ne présentent aucun intérêt historique, concernent particulièrement le diocèse. Au mois de mars 948, Gaubert donna à Grinfer, son vassal, la moitié d'une ferme située sur le territoire de Saint-Aré. En octobre de cette année, Luitgarde, femme de Raoul, comte de Roclène, donna aux chanoines de Saint-Cyr un alleu situé à Trangy, près de Nevers, et un autre alleu situé à Garchizy.

Malgré les remparts dont elle venait d'être entourée, la ville de Nevers fut en 953 prise, pillée et livrée aux flammes par Hugues le Blanc, comte de Paris. Au mois d'avril 955, Gaubert concéda à Seguin, à Hilarie sa femme et à leurs deux fils Seguin et Udon, diverses terres que l'église de Saint-Cyr possédait à Artaix au comté de Nevers et à Perrigny au comté d'Autun. La même année, il accorda à un clerc appelé Thierri, quelques biens que la cathédrale avait dans le Mâconnais.

Gaubert est au nombre des prélats bourguignons qui, réunis en concile dans un lieu incertain sur les confins de la Bourgogne, écrivirent à Manassès, archevêque d'Arles et à ses suffragants en 955, pour qu'ils excommuniassent le comte Isoard, si ce seigneur ne voulait pas restituer à l'abbaye de Saint-Symphorien d'Autun une terre située en Provence, de laquelle il s'était violemment emparé.

Gaubert mourut le 1er septembre vers 956.

38. — GÉRARD (957-959).

Son épiscopat fut de courte durée. Il ne nous est connu que par un acte daté de novembre 978, et en vertu duquel, avec le consentement de l'évêque Natran, Ardebaud et sa femme donnèrent à l'église de Saint-Cyr, pour le repos de l'âme de Gérard, évêque de Nevers, tous les biens meubles et immeubles qui leur étaient échus dans la succession de ce prélat, mort en 959.

39. — NATRAN (959-980).

Moine bénédictin, il fut successivement abbé de Saint-Remi de Sens, de Saint-Héracle à Auxerre, de Ferrières et enfin de Saint-Pierre-le-Vif.

S'il faut ajouter foi aux chroniques de ce dernier monastère, il dilapida les biens de ces diverses abbayes, en enrichit ses parents, et fit argent de tout pour acheter en 959, l'évêché de Nevers. Cette même année, le pape Jean XII lui adressa le bref d'excommunication qu'il avait lancé contre le comte Isoard qui retenait encore des biens appartenant à l'abbaye de Saint-Symphorien d'Autun.

Quelque coupables que fussent les moyens employés par Natran pour obtenir l'épiscopat, ses successeurs Roclène et Hugues II de Champallement ont parlé de lui avec éloge et relevé surtout ses libéralités envers son chapitre. Natran donna, en effet, au mois de mars 879, aux chanoines de Saint-Cyr, l'église de Saint-Médard à Arzembouhy, celle de Saint-Vincent à Prye-sur-l'Ixeure, et de Saint-Étienne à Sauvigny-les-Bois. Cette donation dont la date a été donnée d'une manière différente, fut faite par lui à la charge de célébrer son anniversaire et de vivre en communauté.

Sous son épiscopat, la comtesse Berthe, tant en son nom qu'en celui de son époux Seguin, comte de Nevers, donna à l'église de Saint-Cyr deux seigneuries dont l'une appelée Viviers comprenait les églises de Druy et de Sougy, et l'autre se nommait Ville-les-Anlery-Langy.

En février 969, Natran concéda à un certain Adralde divers biens dont il avait hérité d'Antide, l'un de ses parents. Natran mourut le mardi 24 février 980 et fut enterré dans l'église des religieuses de Notre-Dame.

A cette époque vivait Tétérius, doyen de la cathédrale, auteur d'une relation des miracles opérés par les reliques de saint Cyr et de sainte Julitte, après leur translation en France, notamment à Auxerre et à Nevers. Ce qui nous est resté de cette relation a été imprimé par les Bollandistes au 1er mai et au 16 juin.

PATIANUS, que quelques catalogues donnent pour successeur à Natran, a été rejeté par les Bénédictins.

40. — ROCLÈNE (980-1012).

Ce prélat assista le 5 octobre 982 à la dédicace de l'église métropolitaine de Sens. En avril 986, il donna quelques autels au chapitre de Saint-Cyr, et en 988 lui remit en outre la chapelle de Balleray. Dans l'acte de cette dernière donation, il qualifie les chanoines de prévôt, doyen et frères desservant la communauté de Saint-Cyr.

Un concile, tenu à Rome en 998 par l'ordre du pape Grégoire V, suspendit Roclène de ses fonctions pour avoir assisté Dagbert, archevêque de Bourges, dans la consécration d'Etienne de Gévaudan, comme évêque du Puy, choisi par Gui d'Anjou son oncle, pour successeur, sans le consentement du clergé et du peuple. La mort du Souverain-Pontife, arrivée le 4 février 999, arrêta l'effet du jugement sévère porté contre ces deux prélats.

En septembre de cette année, il donna à Ermengarde une vigne qu'il possédait à Parigny. Au mois de juillet 1001, Roclène donna à Évrard, son neveu, chanoine de Saint-Cyr, l'église de Saint-Germain à Germigny. Une charte de Hugues III, l'un des successeurs de Roclène, assure que ce prélat ne fut évêque que de nom, et l'accuse d'avoir enlevé à sa cathédrale plusieurs paroisses qui lui appartenaient pour les inféoder, comme patrimoine héréditaire, à quelques membres de sa famille, notamment les églises de Varennes et de Meaucé.

Roclène mourut vers 1012.

41. — HUGUES II DE CHAMPALLEMENT DIT LE GRAND (1013-1066).

Il était fils de Hugues, seigneur de la châtellenie de Champallement, qui prenait le titre de vicomte de Nevers, et d'Elisabeth son épouse. Ses frères furent le vicomte Hugues, Léon et Renaud, et il eut pour neveu le doyen Hugues qui devint un de ses successeurs sur le siége de Nevers, et pour oncle, Geoffroi, évêque d'Auxerre. Pourvu d'un canonicat dans la cathédrale d'Auxerre, Hugues était jeune encore quand les suffrages du clergé et du peuple l'appelèrent en 1013 au siége épiscopal de Nevers.

Au mois de juillet 1016, il donna à l'abbaye de Fleury-sur-Loire la terre de Saint-Cyr-les-Colons, près d'Auxerre. En 1024, onzième année de son sacre, dans l'intention d'augmenter les médiocres revenus de son chapitre, il lui accorda l'abbaye de Saint-Trohé-lès-Nevers, les vignes, prés, moulins, cours d'eau, et fours banaux qui en dépendaient, et cela, du consentement du prévôt Éberhard qui, à titre de bienfait, les tenait alors en fief. Il lui donna aussi l'église de Saint-Franchy, l'autel de Saint-Firmin-de-Bussy et celui de Saint-Benin-d'Azy que Roclène, son prédécesseur, avait accordé à l'archidiacre Gui, ainsi que deux fours banaux à Nevers. En décembre 1029, il concéda également à ses chanoines diverses chapelles de la cathédrale, afin qu'ils pussent y faire établir des caveaux pour leur sépulture. En 1032, il fonda l'église de Vandenesse, approuva la fondation de l'église de Saint-Denys de Vergy et souscrivit deux ans après à une charte d'Helmuin, évêque d'Autun, pour la restitution de l'abbaye de Corbigny à celle de Flavigny. Hugues se trouva en 1040 au concile de Bourges et y approuva une donation faite à l'abbaye de Saint-Sulpice par Aymon, archevêque de cette ville. L'année suivante, il ratifia une donation faite par un nommé Ithier au chapitre de Saint-Cyr, et souscrivit le 26 mars 1044, à un acte de Hugues de Salins, archevêque de Besançon, en faveur de l'église collégiale de Saint-Paul. L'année suivante, sur la démission qui en fut faite entre ses mains par le titulaire, Hugues accorda la prévôté au chapitre qui, en échange, lui rendit l'église de Saint-Trohé. Cette concession fut confirmée par le pape Léon IX en septembre 1050 au concile de Verceil.

Le 6 novembre 1045, il donna à saint Odilon, abbé de Cluny pour y établir la règle, le prieuré de Saint-Sauveur de Nevers fondé par saint Jérôme avec l'appui de Charlemagne, et que le relâchement de la discipline avait réduit à ne plus compter un seul religieux. En 1047, il assista à la dédicace de l'église abbatiale de Notre-Dame fondée à Saintes par Geoffroi, comte d'Anjou, et par Agnès, sa femme, comtesse d'Aquitaine. L'année suivante, il signa au concile de Sens la charte du roi Henri Ier qui confirmait la fondation du prieuré de Saint-Ayoul de Provins.

Accusé au concile de Reims, qui s'ouvrit le 3 octobre 1049, d'avoir obtenu à prix d'argent l'évêché de Nevers, Hugues avoua qu'en effet sa famille avait dépensé à cet égard des sommes considérables; mais il protesta que c'était à son insu, et, de lui-même, déposa sa crosse aux pieds de Léon IX qui présidait le concile. Touché de sa franchise et de son humilité, le Saint-Père lui donna sur-le-champ une autre crosse et l'autorisa à continuer ses fonctions. Hugues accompagna le pape à Rome, assista en avril 1050 au concile tenu dans cette ville, en septembre suivant à celui de Verceil, et y approuva les condamnations prononcées contre l'hérésiarque Bérenger.

A sa prière, Henri Ier permit à l'abbé Robert, fondateur de la Chaise-Dieu au diocèse de Clermont, d'ériger en 1052 ce monastère en abbaye.

Le 1er mai 1053, Hugues II rétablit le prieuré de Saint-Victor de Nevers. Il assista le 23 mai 1059 au sacre de Philippe Ier à Reims, à son retour d'un voyage à Rome où il s'était trouvé au mois d'avril à un concile qui termina le procès pendant entre les religieux de Vendôme et ceux de Saint-Aubin d'Angers, au sujet du prieuré de Craon. Vers la même époque, Hugues souscrivit à l'acte en vertu duquel Isambard de Broyes, évêque d'Orléans, accorda aux religieux de Cluny une prébende dans sa cathédrale. Sa signature est suivie sur cet acte de ces mots : *évêque de Nevers, abbé et chanoine de l'Église d'Orléans*. En 1063, il accorda aux chanoines réguliers de Saint-Sylvestre l'ancien monastère de Saint-Étienne., qu'avaient successivement ruiné la guerre, l'incendie et les ravages du temps. Cette donation fut confirmée le 17 août de cette année au concile de Châlon-sur-Saône auquel Hugues assista et fut promulguée le 8 septembre suivant dans l'église de Saint-Étienne. Hugues de Champallement, enfin, signa le 26 janvier 1065, la charte d'un chevalier du Gâtinais, appelé Gaubert, qui donnait à l'abbaye de Fleury-sur-Loire l'église de Chalette.

Il fit peu après un nouveau voyage à Rome, fut un des Pères des conciles qu'y tint en 1065 le pape Alexandre II, et comme il revenait dans son diocèse, mourut en chemin, le dimanche 7 mai 1066, jour où son décès est indiqué dans le Nécrologe d'Auxerre. On l'inhuma le lendemain dans l'abbaye de Paray-le-Monial, au diocèse d'Autun.

42. — MAUGUIN (1066-1074).

Archidiacre de Nevers avant son élévation à l'épiscopat en 1066, Mauguin retira aux chanoines réguliers de Saint-Sylvestre le prieuré de Saint-Étienne, et le donna en 1068 à l'abbaye de Cluny, de concert avec Guillaume III, comte de Nevers, Hugues, doyen de la cathédrale, et ses oncles Hugues, vicomte de Nevers, et Léon. Sa mort arriva le dimanche 1er juin 1074. Conformément à sa volonté, la sépulture lui fut donnée dans l'église de Saint-Étienne.

43. — HUGUES III DE CHAMPALLEMENT (1074-1091).

Neveu de Hugues le Grand et de Geoffroi, évêque d'Auxerre, il avait reçu la prêtrise des mains de ce dernier qui le fit aussi prévôt de sa cathédrale. Hugues était en outre doyen de Nevers depuis 1063 environ.

A la mort de Mauguin, il fut d'une voix unanime élu pour lui succéder, et, malgré ses refus, intronisé solennellement le 1er novembre 1074 en présence de l'évêque d'Auxerre, son oncle, et de Guillaume Ier, comte de Nevers. Dans cette cérémonie, il fit lire publiquement, dans l'église de Saint-Cyr, son testament, par lequel il donnait à son chapitre la moitié des biens qui lui resteraient au jour de son décès. De l'autre moitié il faisait deux parts, l'une pour les voyageurs, veuves et malades de l'hôtel-Dieu, et l'autre pour les religieux de Saint-Étienne, dans l'église desquels il désirait être inhumé.

Par un acte daté d'Orléans, le lundi de Pâques 6 avril 1075, il érigea en paroisse l'église de Saint-Arigle et la donna aux chanoines de sa cathédrale. Le 16 septembre 1076, il assista à ses derniers moments Geoffroi, évêque d'Auxerre et son oncle. L'année suivante, il souscrivit aux lettres patentes de Philippe Ier, roi de France, qui attribuait à l'abbaye de Fleury-sur-Loire l'église de Saint-Symphorien d'Autun, et donna à son chapitre l'église de Saint-Loup-des-Bois et de Saint-Gildard, en même temps qu'il lui abandonnait certaines redevances imposées à tort par ses prédécesseurs sur le village de Véringes.

En 1080, il assista au concile présidé à Meaux par le légat, Hugues de Die, et y souscrivit à la donation du monastère de Saint-Denys de Nogent-le-Rotrou faite à l'abbaye de Cluny par Geoffroi, comte du Perche. L'année suivante, on le trouve au concile d'Issoudun, et, en novembre 1082, à un nouveau concile réuni à Meaux. Dans la première de ces assemblées, il signa la donation de l'église de Vierzon consentie à l'abbaye de Marmoutiers par Richard, archevêque de Bourges. De concert avec son chapitre, il livra à l'abbaye de Saint-Etienne la terre de ce nom, le cens et la paroisse de Saint-Aré, et par acte du 20 mai 1083, le comte Guillaume qui, par ses libéralités, avait relevé ce monastère de ses ruines, accorda à la cathédrale la terre de Parigny. Hugues de Champallement souscrivit en 1085 aux lettres par lesquelles Guillaume, comte de Nevers, soumettait aux religieux de La Charité-sur-Loire, l'abbaye de Saint-Victor au faubourg de Nevers, peu après que le roi Henri, en se rendant avec son armée à Notre-Dame du Puy, l'avait affranchie de tout droit et redevance, tant envers lui qu'envers ses successeurs. Le mardi 9 janvier 1089, il fit une société de prières avec les religieux de Perrecy, à qui il donna une terre située au village de Poilly en Autunois. Hugues de Champallement exerça d'autres libéralités envers son chapitre et les établissements religieux de son diocèse, et fit approuver toutes ses donations par Guillaume Ier, comte de Nevers. Il fonda à Lurcy-le-Bourg sous le vocable de Saint-Germain, un monastère qui fut depuis converti en prieuré à la collation de l'abbé de Cluny.

Ce généreux prélat abdiqua en 1091 pour prendre l'habit religieux à Saint-Étienne de Nevers, où il mourut le dimanche 23 novembre de cette même année. Son tombeau se voyait encore avant 1646 dans la chapelle de Notre-Dame-de-l'Infirmerie.

44. — GUI (1096-1099).

Après une vacance de plusieurs années, sans que les historiens nous en fassent connaître le motif, Gui fut élu pour succéder à Hugues de Champallement, mais ce ne fut pas avant 1096, puisque Richer, archevêque de Sens, avait déjà été suspendu de ses fonctions par le pape Urbain II au concile de Clermont. Hugues de Die, archevêque de Lyon et légat du Saint-Siége, convoqua dans cette circonstance à Autun les évêques de la province de Sens pour procéder au sacre de l'évêque élu.

Yves de Chartres réclama contre le procédé du légat et prétendit, dans sa 61e lettre, qu'on ne pouvait réunir dans une province étrangère, les évêques de la province de Sens. Il ajouta qu'il ne se rendrait point à Autun, et que, selon l'usage de l'Église de Sens, Gui devait être sacré au concile de sa province, indiqué pour le 26 octobre. Nous ignorons si l'évêque de Nevers reçut effectivement ce jour-là l'onction sainte, mais nous le voyons souscrire peu après à la donation de l'église de Saint-Etienne consentie à l'abbaye de Cluny par Guillaume Ier, comte de Nevers, et assister à la dédicace de cette même église faite par Yves de Chartres le dimanche 13 décembre 1097.

Sous son épiscopat, les chanoines de Saint-Cyr se dessaisirent en faveur de Dongion, premier abbé de Saint-Laurent-des-Aubats au diocèse d'Auxerre, de l'église de Saint-Loup et de Saint-Gildard que leur avait donnée l'évêque Hugues de Champallement.

Gui mourut à Nevers, le vendredi 29 avril 1099.

45. — HERVÉ (1099-1110).

Les chanoines de Saint-Cyr ne pouvant s'accorder sur le choix du successeur de Gui, Yves de Chartres fut d'avis d'en référer à Daimbert, métropolitain de Sens, qui, dans son premier concile, discuterait avec ses suffragants les mérites et les capacités des candidats proposés, et prononcerait ensuite d'une manière définitive. Ce concile provincial fut indiqué à Etampes, ainsi qu'il résulte de la 79e lettre d'Yves de Chartres. Hervé, archidiacre de Nevers, ayant obtenu la préférence sur ses compétiteurs, y fut sacré le dimanche, 18 décembre 1099, des mains de Daimbert, assisté de ses suffragants.

Dès le 4 mai de l'année suivante, on voit l'évêque Hervé au chapitre général tenu par les chanoines de Saint-Cyr.

Guillaume Ier, comte de Nevers, ayant conduit, contre la coutume, dans une expédition militaire, les hommes de Saint-Cyr, dut faire satisfaction à Hervé, le mardi 19 juin 1100. Etant mort le lendemain, de magnifiques obsèques auxquelles présida Hervé lui furent faites à Nevers.

Hervé eut la même année un différend avec Léotheric, au sujet des villages de Challuy et d'Ars. Le vassal ne craignit pas d'insulter grossièrement le prélat en présence de Guillaume II, comte de Nevers, le mardi 14 août 1100; mais il fut tout aussitôt contraint de lui faire satisfaction.

Ce prélat assista en 1104 au concile de Troyes, et y souscrivit le 2 avril au privilége accordé à l'abbaye de Molesme, au diocèse de Langres. Le 2 août 1108, il assista à Orléans au sacre du roi Louis VI et souscrivit à une charte de ce prince en faveur de l'abbaye de Fleury où le roi Philippe, son père, avait été récemment inhumé. Il fut choisi au mois de février 1109, avec Humbauld, évêque d'Auxerre, et Guillaume II, comte de Nevers, pour régler une contestation qui s'était élevée entre Norgaud évêque d'Autun, et Ponce, abbé de Cluny, au sujet de quelques églises du diocèse d'Autun sur lesquelles l'abbaye de Cluny prétendait avoir des droits.

Hervé érigea les paroisses de Saint-Martin de Thaix et de Saint-Pierre d'Alluy, chercha en toute circonstance à améliorer le sort de ses chanoines, et mourut le lundi 8 août 1110, emportant les regrets de ses diocésains.

46. — HUGUES IV (1110-1121).

Tiré du cloître pour monter sur le siége de Nevers, Hugues à peine sacré, souscrivit à une charte du comte Guillaume qui, en son nom et au nom de ses héritiers, renonçait après la mort d'Hervé à toutes prétentions sur la succession temporelle des évêques de Nevers. Il transigea sur quelques droits, le 6 avril 1111, avec Bernard, évêque de Mâcon, relativement à l'église de Chandorize, et donna vers cette époque à son chapitre les églises de Saint-Pierre de Nevers, de Chevenon, de Limon et de Saint-Jean de Lichy. Le 21 décembre de cette même année, le pape Pascal II lui écrivit, ainsi qu'aux autres évêques voisins, pour le prier de protéger les moines de Vézelay, et en 1119, Conon, légat du Saint-Siége, le pria d'exciter Guillaume II, comte de Nevers, à racheter les sacriléges commis par quelques soldats de sa suite dans l'église de cette abbaye.

D'accord avec son chapitre auquel il donna les églises de Decize, de Saint-Parize-le-Châtel, d'Avrée, de Meaucé et de Saincaize, Hugues établit dans sa cathédrale deux chanoines chargés de célébrer chaque jour le saint sacrifice en faveur des bienfaiteurs décédés de cette église. Son chapitre discuta avec lui au sujet de deux repas qui étaient dus aux chanoines le jour de la Toussaint et à Noël, soit que l'évêque fut présent, soit en son absence. Hugues s'empressa de confirmer les droits du chapitre après avoir pris connaissance des titres qui les garantissaient. On lui attribue l'érection des paroisses de Neuilly, de Giverdy, Corvol-d'Embernard et de Montigny-sur-Canne.

Sa mort arriva le vendredi, 25 février 1121.

47. — FROMOND (1121-1145).

Il succéda en 1104 à Pons, doyen de la cathédrale et prit ensuite l'habit religieux dans l'abbaye de Saint-Martin qu'il avait relevée de ses ruines. Abbé de ce monastère lors de sa promotion à l'épiscopat, Fromond assista le 15 août 1121 à une donation faite à l'abbaye de La Charité-sur-Loire.

Il fonda un anniversaire pour Hervé, son prédécesseur, et donna en cette occasion à son chapitre le patronage de plusieurs églises. La même année, il conféra à l'église de Saint-Martin divers bénéfices, ainsi que les dîmes et les églises de Guipy, dédiée à saint Germain, d'Achun, d'Aunay, de Saint-Hilaire en Morvan, de Saint-Didier, et celles de Saint-Romain et de Saint-Genès à Lucenay-les-Aix, de Bussy, de Moraches, de Bazolles, d'Epiry, de Montreuillon, de Saint-Ouen et de quelques autres localités. Par une autre charte de 1126, il donna à la même église de Saint-Martin de Nevers la chapelle de Bois-Giraud et ses dépendances. Ces diverses donations furent confirmées d'abord par une bulle d'Honorius II datée du 27 avril 1129, et ensuite par une bulle d'Innocent II en janvier 1131.

Fromond confirma en 1143 à l'abbaye de Saint-Étienne la donation des dîmes de Sermages et de l'église de Chaumot qui leur avait été faite par les chanoines de Saint-Cyr, et y ajouta quelques autres biens. Il réunit dans le seul monastère de Notre-Dame de Nevers les religieuses de Saint-Arigle, de Saint-Laurent, de Saint-Trohé et de Saint-Genès, qui, sans doute, ne pouvaient vivre convenablement de leurs minces revenus, et mourut le jeudi 29 novembre 1145. On l'inhuma dans l'église de Saint-Martin à gauche du grand autel. Le Nécrologe de ce monastère faisait le plus magnifique éloge de sa vie et de sa charité.

48. — GEOFFROI (1147-1159).

Après la mort de Fromond, le chapitre, ainsi qu'on peut en conclure de plusieurs lettres de saint Bernard au pape Eugène III, partagea ses suffrages sur trois ecclésiastiques, Raymond, Hugues ou Bernard, qu'on trouve à la dédicace de la cathédrale de Châlons-sur-Marne, le 26 octobre 1147, remplissant les fonctions de chantre en cette Eglise, et enfin Geoffroi qui l'emporta sur ses concurrents. Sa famille et ses antécédents nous sont inconnus.

Il assista, le dimanche 20 octobre 1147, à l'ouverture de la châsse de saint Lazare, faite à Autun par Humbert de Baugé, évêque de cette ville. Le 26 du même mois, il était l'un des prélats qui assistaient le pape Eugène III dans la consécration de l'église cathédrale de Châlons-sur-Marne. L'année suivante, il scella avec Aimery, évêque de Clermont, un concordat passé pour l'affranchissement de Souvigny, entre Archambaud VI, sire de Bourbon, et Pierre, abbé de Cluny. En 1148, Geoffroi assista au concile de Reims, et souscrivit à une donation faite à l'abbaye de La Charité-sur-Loire, dans le cimetière de Notre-Dame de Coulanges-les-Nevers, par Pons, fils de Thierri de Montempuy. Il témoigna devant Eugène III, dans un procès intenté à l'abbé de Vézelay, par Henri de Bourgogne, évêque d'Autun, relativement à l'ordination de quelques clercs.

En 1156, Geoffroi approuva la fondation du prieuré de Guipy faite par Seguin de La Tournelle, et fut chargé, avec quelques prélats, par Eugène III et par Anastase IV, son successeur, de notifier à Guillaume III, comte de Nevers, l'excommunication lancée contre lui pour avoir dépouillé les églises et les monastères. Geoffroi qui, en 1155, avait assisté au concile de Soissons, se trouva, en 1157, au concile tenu à Reims contre les Pifres, secte d'Albigeois.

En 1158, il donna à son chapitre, pour son anniversaire, les dîmes de Chevenon, et mourut le samedi 14 février 1159.

49. — BERNARD DE SAINT-SAULGE (1160-1177).

Ainsi appelé de la ville dont il était ou seigneur ou originaire, Bernard fit avec le chapitre, le 11 février 1160, la récapitulation des censives dues à l'Église de Nevers. De concert avec le trésorier et le sacristain de la cathédrale, il donna quelques rentes pour l'entretien du luminaire qui brûlait jour et nuit devant le grand autel de la cathédrale, et en cette même année, 1161, confirma un traité intervenu entre Raoul du Bois et Renaud, prieur de La Charité-sur-Loire. Doué d'un esprit pénétrant et de grandes connaissances, ce prélat prit part à plusieurs affaires importantes. Il était l'un des dix évêques réunis à Montpellier, quand le pape Alexandre III réitéra publiquement, le 17 mai 1162, jour de l'Ascension, l'excommunication portée contre l'antipape Octavien qui avait pris le nom de Victor. Ce Souverain-Pontife lui écrivit de Clermont le 7 juillet, ainsi qu'à trois autres évêques, au sujet des vexations que les moines de Vézelay avaient eues à subir de la part de Guillaume VI, comte de Nevers, qui, après la mort de Ponce de Montboissier, abbé de Vézelay et frère de Pierre le Vénérable, s'était opposé avec violence à l'élection de Guillaume de Mello. Hugues de Toucy, archevêque de Sens, lui écrivit aussi pour qu'il eût à signifier au comte les censures dont il avait été frappé par le Saint-Siége.

Le 19 mai 1163, Bernard fut un des cent vingt-quatre évêques du concile de Tours, et en 1166 un des prélats que Louis le Jeune envoya en Angleterre avec Rotrou de Warwick, archevêque de Rouen, pour réconcilier Henri II et Thomas de Cantorbéry. L'année suivante, il assista à Vézelay au jugement rendu contre huit hérétiques poplicains. En 1169, il assura par lettre au pape Alexandre III que ses légats Gratien et Vivien n'avaient point tenu parole au roi d'Angleterre dans sa réconciliation avec le vénérable archevêque de Cantorbéry, et reçut peu après du Souverain-Pontife l'ordre d'insister auprès de ce prince afin qu'il fît la paix avec ce prélat et lui rendît les biens qu'il avait séquestrés. Rotrou de Warwick lui fut adjoint de nouveau pour cette négociation, et leur zèle et leurs bons offices amenèrent le rétablissement de Thomas sur son siége en juillet 1170.

Le pieux archevêque ayant été assassiné au pied des autels le 30 décembre suivant, Bernard fut encore envoyé en Angleterre avec Garin, archevêque de Bourges, pour absoudre au nom du Souverain-Pontife, quelques évêques que la vieillesse ou les infirmités empêchaient de traverser la mer à cet effet.

En 1171, il souscrivit à une charte donnée par Gui, comte de Nevers, pour confirmer au monastère de Saint-Etienne les biens dont le comte de Nevers, son aïeul, l'avait gratifié, et pour restituer cette même église à l'abbaye de Cluny. En reconnaissance des services qu'il avait reçus de Bernard de Saint-Saulge, le comte Gui, par un acte daté de Coulanges-la-Vineuse, en 1173, lui donna la châtellenie de Prémery avec l'autorisation de fortifier cette ville et de l'entourer de murailles. La même année, il prit avec Etienne, évêque d'Autun, part à un arbitrage entre l'abbé de Saint-Jean-les-Jumeaux et l'abbesse de Rougemont. Il souscrivit ensuite à une charte du comte Gui, relative à l'avouerie de l'abbaye de Corbigny.

L'année suivante, Bernard fut un des négociateurs de la paix conclue à Beaune entre le comte et Hugues, duc de Bourgogne, et l'un des témoins de la vente du fief de La Charité-sur-Loire, faite par le comte de Nevers aux religieux de Cluny. En 1176, il fut un des arbitres choisis pour terminer de nouveaux différends survenus entre Henri II, roi d'Angleterre, et Louis le Jeune, roi de France. Cette commission était d'autant plus importante qu'il avait pour collègues les deux frères du roi, Robert de Dreux et Pierre de Courtenay.

Bernard donna à son chapitre les églises de Saint-Léger de Fougeret, de Dommartin, de Poussignol, de Saint-Péreuse, de

Blismes près Poussignol, et lui accorda le droit de placer un chapelain dans l'église de Saint-Romain à Château-Chinon.

Après un glorieux épiscopat de dix-sept années, Bernard de Saint-Saulge mourut le lundi 14 février 1177.

50. — THIBAUD (1177-1189).

Lors de son élévation à l'épiscopat, il était depuis 1165 doyen de la cathédrale de Nevers. On le trouve mentionné pour la première fois dans une charte de Hugues de Château-Chinon et d'Aremburge, sa femme, donnée en 1177, en faveur du village de Rigny.

Thibaud assista en mars 1179 au concile général de Latran, fut présent en 1180 au testament de Guillaume, évêque d'Auxerre, et on le trouve cité cette même année dans une charte de Renaud, comte de Nevers, en faveur de Fontmorigny. On lit dans la Chronique de Geoffroi de Vigeois, citée par le P. Labbe, tome II, pp. 337-339, que *Jean*, évêque de Nevers, fut chargé par le Souverain-Pontife, avec Thibaud, abbé de Cluny, d'aller trouver, en 1183, Henri le Jeune, roi d'Angleterre, pour l'engager à faire la paix avec son fils, et que ce prince étant venu à mourir sur ces entrefaites, ce même *Jean* célébra, avec d'autres prélats, ses funérailles à Grammont, le mardi 14 juin 1183, et assista le 25 septembre suivant au sacre de Henri de Sully, archevêque de Bourges. En cette circonstance, le chronologiste a commis une erreur, ou il faut supposer que Thibaud portait aussi le nom de Jean. Ce qui est certain, c'est qu'en 1185, il se trouva témoin de la charte par laquelle le comte Gui confirma les droits et priviléges de l'abbaye de Saint-Etienne. En 1185, Thibaud, du consentement de son chapitre, accorda à l'Ordre des Chartreux, pour y fonder un monastère, le lieu d'Apponay, dans la paroisse de Rémilly, qui consistait en quelques terres, bois et étangs, à la condition que si les religieux abandonnaient un jour cette maison, elle ferait aussitôt retour à la cathédrale de Saint-Cyr.

En 1187, il jeta les fondements et consacra l'autel de l'église de Sainte-Vallière, au faubourg de Nevers, transférée en 1601 dans l'église de Saint-Trohé. La même année, le pape Grégoire VIII le chargea de terminer un procès qui existait depuis longtemps entre Jean, prieur de Saint-Etienne de Beaune, et les frères hospitaliers de Saint-Jean-de-Jérusalem. En 1188, Thibaud fit couvrir sa cathédrale de larges dalles en pierre, et confirma aux moines de La Charité-sur-Loire la donation qui leur avait été faite de la terre de Chasnay. Il confirma aussi à Thibaud son neveu, trésorier du chapitre, la donation d'un serf qu'il avait faite précédemment aux chanoines de Saint-Cyr.

Ce prélat, qu'une charte de son successeur appelle un *évêque de bonne et sainte mémoire*, mourut le mardi 25 avril 1189.

51. — JEAN Ier (1189-1196).

Successeur de Thibaud dans la dignité de doyen de la cathédrale, il fut appelé à le remplacer également sur le trône épiscopal, et tout aussitôt après son élection, confirma à T., prévôt de Chambon, l'église de Sainte-Vallière commencée par son prédécesseur.

En 1190, Pierre de Courtenay et Agnès de Nevers, sa femme, reconnurent en sa présence qu'ils n'avaient point droit de gîte dans les domaines du chapitre de Saint-Cyr, comme l'avaient reconnu déjà les comtes de Nevers, Guillaume IV et Guillaume V. Ils ratifièrent aussi la donation que le comte Gui avait faite pour son anniversaire et l'institution d'un chapelain. La même année, Jean souscrivit comme arbitre à un acte d'accord conclu entre Maurice de Sully, évêque de Paris, et l'église de Saint-Spire de Corbeil. En 1192, il approuva une vente faite à l'abbaye de La Charité, et assista en 1193 au testament que la comtesse Agnès de Nevers fit en faveur de ce monastère. En 1195, il confirma une donation faite par Hugues de Saint-Léger à l'abbaye de Notre-Dame de Fontmorigny, au diocèse de Bourges.

En 1196 il fonda l'église collégiale de Saint-Marcel à Prémery, au milieu du chœur de laquelle il fut inhumé après sa mort arrivée le lundi-saint, 15 avril de cette même année.

52. — GAUTIER (1196-1202).

Il était archidiacre de Troyes lorsque le chapitre lui déféra la crosse épiscopale de Nevers. Son élection eut lieu peu de temps après le décès de Jean Ier, puisqu'on le trouve mentionné en 1196 dans un titre de l'abbaye de La Charité-sur-Loire.

Il travailla de concert avec Hugues de Noyers, évêque d'Auxerre, à purger son diocèse des poplicains, espèce d'hérétiques manichéens qui, échappés d'Orléans, s'étaient réfugiés dans le

Nivernais. En 1198, un certain Tétric, chef de cette secte, fut pris aux environs de Corbigny et livré aux flammes du bûcher. Bernard, doyen du chapitre de Nevers, et Regnauld, abbé de Saint-Martin furent accusés de cette hérésie et traduits devant le concile provincial de Sens. Le doyen fut suspendu de ses fonctions et invité à mieux se conduire ; mais l'abbé de Saint-Martin fut déposé. Sur l'appel qu'il interjeta en cour de Rome, il fut condamné à être dégradé de la prêtrise, et renfermé dans les prisons de l'abbaye. L'hérésie n'était point le seul crime de Regnauld, le prieur et les religieux de Saint-Martin lui reprochaient aussi ceux d'adultère et d'usure.

En 1201, Gautier qui, l'année précédente, avait souscrit à une charte du comte Hervé et de Mathilde, sa femme, en faveur de l'abbaye de La Charité, régla la fondation des prébendes de la collégiale de Saint-Léger de Tannay, et décida que l'élection du prévôt appartiendrait aux chanoines, à la condition de le choisir parmi ceux de la cathédrale de Nevers. En janvier 1202, à l'imitation de Pierre de Corbeil, archevêque de Sens, et de quelques autres évêques, il publia un mandement pour la réception de la bulle donnée par Innocent III au sujet de la légitimation des enfants du roi Philippe-Auguste et d'Agnès de Méranie.

Ce fut son dernier acte. Il mourut le vendredi 11 du même mois.

53. — GUILLAUME Ier DE SAINT-LAZARE (1202-1221).

Sur le refus de Guillaume de Seignelay, doyen d'Auxerre, d'accepter le siége épiscopal de Nevers, le chapitre de Saint-Cyr, seul et sans le concours du reste du clergé, élut, pour succéder à Gautier, Guillaume de Saint-Lazare, ecclésiastique aussi recommandable par sa piété que par son savoir et ses talents, originaire sans doute du hameau de ce nom, près de Nevers. La faveur du roi Philippe-Auguste lui était depuis longtemps acquise, et c'était lui qui, en 1198, avait soutenu, en présence du pape Innocent III, les intérêts de ce prince contre Jourdain du Hommet, ambassadeur de Richard Ier, roi d'Angleterre, et plus tard évêque de Lisieux.

Aussitôt après son élection, Guillaume de Saint-Lazare envoya à Rome un membre de son chapitre pour faire part de sa nomination au Souverain-Pontife qui le délégua en 1202, avec saint Guillaume, archevêque de Bourges, et l'abbé de Cluny, afin de recevoir l'abjuration de quelques bourgeois de La Charité qu'avaient séduits les erreurs des Albigeois. L'année suivante, il assista au concile de Meaux. En 1207, Innocent III le chargea de se rendre dans la ville du Puy et d'y contraindre les habitants à se soumettre à Bertrand de Chalençon, leur évêque, tout en engageant ce prélat à céder aux réclamations qui seraient trouvées justes. Au mois de juillet de cette année, il assista à Fleury-sur-Loire, diocèse d'Orléans, à la levée du corps de saint Benoît.

L'année suivante, il acheta de Philippe-Auguste, pour la somme de mille livres parisis, le droit de régale de l'évêché de Nevers. A ce prix le roi renonça au droit de conférer les prébendes canoniales pendant la vacance du siége, et ce droit fut dévolu au doyen et au chapitre. Guillaume qui, cette année, s'était engagé à donner aux croisés contre les Albigeois la dixième partie de ses revenus, se croisa lui-même en 1209 avec Hervé de Donzy, comte de Nevers, et passa l'année suivante tout entière en Languedoc. Avant son départ, il avait, de concert avec le doyen H. (Hugues?) et G. (Gautier?), chantre de la cathédrale, apaisé un différend entre M., abbé de Châteaudun, et le prieur de Nogent. Au mois de juillet, il avait confirmé une donation faite aux religieux de La Charité par Geoffroi de Pazy.

A son retour en 1211, il eut la douleur de trouver le cloître des chanoines et une partie de la cathédrale consumés par les flammes. Malgré les dépenses considérables que lui avait occasionnées la croisade, il entreprit aussitôt de réparer ce désastre, et c'est à ses frais que furent élevées la grande nef et certaines portions dans le pourtour du chœur.

En 1212, il céda au roi les hommes de Béard et d'Aubigny. En 1214, on le trouve à la bataille de Bouvines parmi les seigneurs qui avaient suivi Hervé de Donzy, comte de Nevers.

Guillaume fut un des plus illustres prélats de son siècle et se signala autant par sa piété que par sa munificence et son inépuisable charité envers les pauvres. Pendant l'année 1220, le Nivernais fut désolé par une famine si terrible, que beaucoup de ses habitants se trouvèrent réduits à se nourrir de l'herbe des champs. Le charitable évêque, nous disent les anciennes chroniques, nourrit alors tous les jours à ses frais, durant cette année désastreuse, deux mille pauvres. Sa prévoyance alla plus loin encore. Sentant sa fin approcher, il ordonna que les distributions si nécessaires qu'il avait coutume de faire, seraient continuées jusqu'au premier juillet suivant. Il n'atteignit point en effet cette époque, et sa mort arriva le mercredi 19 mai 1221, veille de l'Ascension.

Le chapitre qui avait aussi éprouvé souvent les généreux effets de sa charité, établit un service annuel pour le repos de son âme. Ce jour-là un chanoine était chargé de prononcer le panégyrique de Guillaume mort en odeur de sainteté, et chaque membre du chapitre recevait vingt sous tournois.

Guillaume fut inhumé dans le chœur de sa cathédrale où sa tombe en pierre et dans le style ogival s'élevait de quatre pieds au-dessus du sol, mais sous le ridicule prétexte qu'elle n'était point en harmonie avec les nouveaux ornements du chœur qui venait d'être restauré, on la fit disparaître en 1769. Jusqu'à cette époque, à toutes les fêtes solennelles, le célébrant encensait ce tombeau.

Sous son épiscopat, Hervé de Donzy fonda l'abbaye de l'Epau, la Chartreuse de Bellary, près de Châteauneuf-Val-de-Bargis, et le monastère de Coche, près de Vieil-Mannay.

54. — GERVAIS DE CHATEAUNEUF (1222-1223).

Fils de Gervais, baron de Châteauneuf-en-Thimerais, seigneur de Senonches, et de Marguerite de Donzy, sœur du comte Hervé, il était pourvu d'un canonicat dans la cathédrale de Chartres, quand il fut élu à l'évêché de Nevers. Le pape Honorius III le sacra en 1222. Gervais acheta quelques rentes au profit de son Eglise et mourut, dit-on, le 4 décembre de cette année. Le Nécrologe de Chartres indique toutefois son décès au 28 février 1223.

Il légua en mourant vingt sous à l'abbaye de Saint-Lomer au diocèse de Chartres, et, à l'église de cette dernière ville, une rente de cent sous à prendre sur le péage de Broué, près de Dreux. Hugues III, seigneur de Châteauneuf, son frère, confirma ces legs en février et en mai 1224.

On lit à son sujet dans le Nécrologe de Chartres : « La veille des calendes de mars, mourut noble seigneur Gervais de Châteauneuf, de pieuse mémoire, chanoine de Chartres, puis évêque de Nevers, neveu d'Hervé, comte de Nevers, lequel présenta et donna à cette sainte Église le chef de saint Matthieu, apôtre et évangéliste qu'il avait acheté à Constantinople et apporté en ce pays. »

55. — RENAUD Ier DE NEVERS (1223-1230).

Elu par le chapitre, il fut sacré en 1223 par Gautier Cornut, archevêque de Sens, et siégeait à Paris parmi les Pères du concile réuni contre les Albigeois, lorsque le roi Philippe-Auguste mourut le 25 juillet de cette année. Il assista le 30 du même mois aux obsèques de ce prince, et, l'année suivante, alla à Tours conduire au roi Louis VIII les hommes d'armes qu'il était tenu, en qualité de vassal, de fournir pendant la guerre.

Au mois de novembre 1225, il accorda l'affranchissement de la servitude personnelle aux habitants de Prémery, moyennant vingt sous par feu, payables dans l'octave de la Toussaint, par ceux qui, sur le dire du prévôt, pouvaient acquitter cette sômme, et douze deniers au moins pour les plus pauvres. Il leur concéda, en outre, un droit de pacage dans les bois de la paroisse.

Renaud, qu'on trouve mentionné dans des titres de l'abbaye de Bellevaux datés de 1227, mourut le dimanche 28 juillet 1230, après avoir légué à sa cathédrale une somme suffisante pour fonder deux anniversaires à son intention.

56. — RAOUL DE BEAUVAIS (1232-1239).

A la mort de Renaud, les suffrages du chapitre se divisèrent sur le choix de son successeur. Treize chanoines donnèrent leurs voix à Raymond, doyen de Saint-Cyr, et dix-huit au grand-chantre. Sur le recours au Saint-Siége, le pape Grégoire IX délégua Adam de Chambly, évêque de Senlis, et quelques autres docteurs pour examiner le chantre et confirmer sa nomination s'ils le jugeaient capable, et, dans le cas contraire, pour prononcer l'élection du doyen.

Les deux élections ayant été déclarées nulles, le Souverain-Pontife nomma lui-même, en avril 1232, Raoul de Beauvais, chanoine de cette Église, qui se trouvait alors à Rome avec son évêque Milon de Châtillon-Nanteuil. Raoul prit la même année possession de l'évêché par procureur, et promit obéissance à l'Église de Sens entre les mains de Gautier Cornut, archevêque de cette ville, mais ne vint en personne à Nevers qu'en 1235.

A son arrivée, muni du bref du Pape, il voulut faire la visite des monastères de Saint-Étienne et de Saint-Sauveur, mais les prieurs s'y opposèrent et bravèrent l'excommunication que Raoul fulmina contre eux. L'abbé de Cluny porta ses plaintes en cour de Rome; des arbitres furent nommés pour juger l'affaire, et au rapport de Guillaume, abbé de Saint-Martin d'Autun, l'évêque de Nevers fut obligé de se désister de ses prétentions. Sous l'épiscopat de Raoul, la Chartreuse du Val-Saint-Georges fut fondée en 1235 par Hugues, seigneur de Lormes, et par Héloïse, sa femme. Cette même année, l'église de Saint-Éloi fut construite et érigée en paroisse, du consentement des religieux de Saint-Étienne de Nevers, dont ce territoire dépendait.

Le cartulaire de l'abbaye de Fontmorigny contient un titre daté de 1238 et qui commence par ces mots : *Radulfus sola miseratione divina Nivernensis Ecclesiæ minister.* Raoul par la miséricorde de Dieu, pasteur de l'Église de Nevers.

Raoul de Beauvais établit que la fête de sainte Barbe serait célébrée dans le diocèse avec un office de neuf leçons, le 16 décembre de chaque année, et cessa de vivre le 19 ou le 24 novembre 1239 suivant le Nécrologe de Beauvais. On trouve, dans le Nécrologe de Meaux, sa mort indiquée au 8 février.

57. — ROBERT Ier CORNUT (1240-1252).

Frère et non pas neveu de Gautier et de Gilles, archevêques de Sens, et d'Aubry, évêque de Chartres, Robert Cornut, fils de Simon Cornut, seigneur de Villeneuve en Brie, et de Marguerite, dame d'Aubusson, fut sacré en 1240, et, peu de temps après son intronisation, apporta à Nevers et déposa au trésor de la cathédrale une épine détachée de la Sainte-Couronne reçue à Sens au mois d'août 1239. Le 20 septembre 1244, il administra les derniers sacrements à son frère, Aubry, évêque de Chartres, qui mourut ce même jour au château de Préméry.

Au mois de décembre 1245, Robert écrivit au pape Innocent IV pour l'engager à vérifier les miracles attribués à saint Edme, archevêque de Cantorbéry, mort à Soisy près de Melun le 10 novembre 1240, et à procéder ensuite à sa canonisation. Sa lettre a été insérée au tome III, col. 1904 des *Anecdota* de dom Martène. Le 13 juillet 1246, Eudes, évêque de Frascati et légat du Saint-Siége, donna à Bourges un règlement au chapitre de Nevers, comme il en avait donné un précédemment à l'Église de Sens. Il y est marqué, entre autres choses, que la fête des Fous sera abolie sous peine d'excommunication. On le trouve dans le même ouvrage, tome IV, col. 1069.

Robert, qui souscrivit en 1248 à des titres de Fontmorigny, en 1249 à diverses chartes données en faveur du monastère de Notre-Dame de Nevers, et en 1251 à divers documents concernant le chapitre de Saint-Cyr, permit en 1251 aux Frères-Mineurs de s'établir à Nevers, et mourut dans sa ville épiscopale le dimanche 14 janvier 1252. C'est le premier évêque de Nevers dont on connaisse les armes. Il portait pour armoiries : *d'argent, à la bande de gueules.*

58. — HENRI CORNUT (1252-1254.)

Neveu de Gilles Cornut, archevêque de Sens, et d'Aubry, évêque de Chartres, Henri, qui avait été pourvu d'un archidiaconé dans l'Église de Sens, fut élu évêque de Nevers au mois de février 1252 pour succéder à Robert, son troisième oncle, mort le 14 janvier de cette année. Il n'était point encore sacré, lorsque le chapitre de Sens lui accorda ses suffrages. Il vint à Voisines, le 24 mars 1254, et, grâce à l'influence dont sa famille jouissait à la cour, il obtint du roi la remise du droit de régale et prêta serment de fidélité à ce prince. Le 16 mai de cette année, étant encore archevêque élu, il prononça par ordre du Souverain-Pontife, avec Hugues, cardinal de Sainte-Sabine, la déposition de Martin, abbé intrus du Joug-Dieu, au diocèse de Lyon. Alexandre IV confirma à Viterbe la nomination de Henri Cornut, le décora du pallium et le sacra, dit-on, dans cette ville en 1255.

A son retour à Sens, Henri, porté de l'abbaye de Saint-Pierre-le-Vif en son église cathédrale par les quatre premiers barons et vassaux de l'archevêché, prit possession solennelle du siége, et fut présent avec Nicolas de Brie, évêque de Troyes, le 17 avril de cette année, à l'ouverture des châsses de l'abbaye de Saint-Pierre de Troyes. Le mardi 13 juillet suivant, il présida un concile tenu à Paris et auquel assistèrent cinq évêques ; il y fut question du récent assassinat de Renaud de l'Epine, chantre de Chartres : les meurtriers furent condamnés à la prison. Le roi saint Louis aurait voulu profiter de l'occasion de cette assemblée pour faire juger le différend élevé au sujet de l'enseignement entre l'Université et les Frères mendiants, particulièrement les Dominicains. Les prélats ne crurent pas pouvoir se charger de cette décision que l'assemblée remit, du consentement des parties, à la disposition de quatre archevêques nommés arbitres, ceux de Sens, de Reims, de Bourges et de Rouen. Il y eut, en

1256, deux autres conciles à Sens : le premier, réuni le 31 juillet, commua l'emprisonnement des meurtriers du chantre Renaud de l'Epine en un bannissement perpétuel à la Terre-Sainte. Le second se tint le 24 octobre : on y ordonna au chapitre de Chartres, qui était revenu de Mantes en cette ville, de se transporter à Étampes, jusqu'à ce qu'on lui eût assuré sa tranquillité à Chartres. C'est en cette même année 1256, que l'archevêque et ses suffragants réunis déclarèrent que l'Université de Paris était prête à obéir aux décrets du concile à propos de ses disputes avec les Dominicains.

En 1257, Henri acquit, pour en faire sa maison de plaisance et celle de ses successeurs, le château de Noslon qui appartenait auparavant à Gilles de Noslon et à Guillaume d'Allemand, bourgeois de Sens, et rendit hommage au roi pour ce dernier domaine au mois de juillet. Il indiqua un concile à Melun pour le samedi 10 novembre de cette année, mais ne put le présider. Un de ses cuisiniers, appelé Frumence, gagné par quelques usuriers que Henri avait excommuniés, lui servit un gâteau aux amandes empoisonné dont il mourut le dimanche 21 octobre précédent. On l'inhuma devant le grand autel de Saint-Etienne.

Il portait pour armoiries : *d'argent, à la bande de gueules.*

59. — GUILLAUME II DE GRAND-PUITS (1254-1260).

Trésorier de l'Église de Sens et originaire d'un village de ce diocèse, aujourd'hui dépendant du canton de Mormant (Seine-et-Marne), Guillaume fut confirmé comme évêque de Nevers en 1254, et restitua l'année suivante à l'abbaye de Saint-Germain d'Auxerre le château et la terre de Saincaize que les seigneurs de Grand-Puits, ses ancêtres, avaient usurpée. Le 31 juillet 1256, il assista au concile provincial de Sens convoqué par Henri Cornut, son métropolitain, au sujet des meurtriers de Renaud de l'Epine, chantre de Chartres. Il se trouva à celui qui se réunit le 24 octobre suivant.

Mahaud, comtesse de Nevers, le nomma en 1257 l'un de ses exécuteurs testamentaires.

En 1259, Guillaume souscrivit à la lettre adressée au roi saint Louis pour l'engager à employer en œuvres pies le produit des biens qu'il ne pouvait rendre, légua pour son anniversaire à l'église cathédrale de Saint-Cyr vingt arpents de prés situés à Urzy, et mourut le jeudi 31 mai 1260.

60. — ROBERT II DE MARZY (1262-1273).

Né dans le village dont il portait le nom, Robert était pourvu d'un canonicat dans la cathédrale de Saint-Cyr, quand il monta sur le siége épiscopal vers la fin de 1260.

Par acte du mardi 5 septembre 1262, ce prélat et le chapitre traitèrent avec Eudes, comte de Nevers, sur la valeur, le poids et le titre de la monnaie à émettre dans le diocèse. Au mois de juin 1264, il approuva la fondation d'une chapelle ou vicairie sous l'invocation de Notre-Dame dans l'église de Saint-Aré, à Decize. L'année suivante, il eut à soutenir une discussion contre le trésorier et le sacristain de la cathédrale au sujet des grosses réparations qu'il fallait faire à cette église : il s'agissait de savoir dans quelle proportion chacun devait y contribuer. Le doyen, l'archidiacre et le chantre, choisis pour arbitres, terminèrent amiablement ce procès. En 1266, il attribua à la fabrique de la cathédrale une rente annuelle de cent sous qui lui serait payée à la réunion du synode d'été.

Robert bénit en 1269 le cimetière de Saint-Martin. Sous son épiscopat, Agnès de Bourbon, veuve de Jean de Bourgogne, comte de Charolais, donna en 1271 aux Frères-Prêcheurs les maisons et manoirs qu'elle possédait dans la ville de Nevers auprès des maisons du doyen et des chanoines, pour y élever un couvent de leur Ordre, et la comtesse Iolande de Bourgogne, veuve de Jean-Tristan, quatrième fils de saint Louis, fonda au faubourg de La Chaussée un couvent de Cordeliers.

Robert de Marzy s'excusa par l'intermédiaire de Robert, son neveu, de ne pouvoir assister aux États généraux convoqués à Tours en 1272 par le roi Philippe le Hardi, et mourut le 21 juillet de cette même année suivant le Nécrologe de Saint-Cyr, ou le 14 janvier 1273, selon le Nécrologe de Saint-Martin. Il donna à sa cathédrale une statue de saint Cyr en argent.

61. — GILLES Ier DE CHÂTEAU-RENAUD (1273-1277).

Ce prélat, né en Bourgogne aux environs de Louhans, fut élu en 1273. Parmentier le rejette du catalogue des évêques de Nevers et attribue à Gilles du Châtelet, son successeur, tous les actes de son gouvernement. La ressemblance des noms de ces deux pontifes a amené entre eux quelque confusion, mais l'opinion des auteurs de la *Gallia christiana* nous a paru devoir obtenir la préférence.

Gilles de Château-Renaud assista, en octobre 1274, au concile provincial tenu à Sens par Pierre d'Anizy, et signa en juillet 1275, la lettre que Gilles Cornut, successeur de cet évêque, écrivit aux cardinaux au sujet de la canonisation du roi saint Louis. Vers cette époque et au mois de mai, il partagea le diocèse en deux archidiaconés : celui de Nevers comprenant les archiprêtrés de Saint-Pierre-le-Moutier, des Vaux-de-Nevers, de Lurcy-le-Bourg et de Prémery, et l'archidiaconé de Decize, composé des archiprêtrés de Decize, de Thianges, de Châtillon-en-Bazois et de Moulins-Engilbert.

Gilles de Château-Renaud mourut en 1277 avant Noël : car des titres de l'abbaye de La Charité constatent que le siége était vacant à cette époque.

61. — GILLES II DU CHÂTELET (1277-1283).

Il fut élu vers la fin de 1277, et écrivit au roi Philippe le Hardi le lundi 12 juin 1279, pour confirmer l'acte d'accord conclu par l'évêque Robert de Marzy avec Eudes, comte de Nevers, le 5 septembre 1262. Il assista au concile provincial de Sens le mercredi 2 octobre 1280, et, après avoir confirmé l'organisation du diocèse faite par son prédécesseur, mourut le dimanche 5 septembre 1283. On l'inhuma dans la chapelle de la Vierge, derrière le chœur, en sa cathédrale.

Un registre manuscrit du Vatican contient des lettres que le pape Martin V adressa à Gilles du Châtelet, et c'est à lui que les Bénédictins attribuent le partage du diocèse en deux archidiaconés.

Il portait pour armoiries : *d'or, à la bande de gueules, chargée de trois fleurs de lis d'argent.*

63. — GILLES III DE MAUCLAS OU PEUT-ÊTRE DE MAULAIX (1285-1294).

Par lettres du lundi 13 septembre 1283, Simon, doyen du chapitre, convoqua les chanoines pour donner un successeur à Gilles du Châtelet, et fixa l'élection au lundi 18 octobre suivant. Deux concurrents se présentèrent ce jour-là. Leurs noms ne nous sont point parvenus; mais, sur l'abandon qu'ils firent de leurs prétentions entre les mains d'Honorius IV, ce Souverain-Pontife promut à l'évêché de Nevers, en 1285, Gilles de Mauclas, alors chanoine de l'Église de Cambrai, et le recommanda au roi Philippe le Hardi. Sacré la même année, Gilles confirma en 1286 la fondation de l'autel de Saint-Firmin, faite dans la cathédrale par Simon, doyen du chapitre, et, en 1287, celle de quelques messes qui devaient être célébrées par trois prêtres établis à cet effet dans l'église de Saint-Pierre-le-Moutier, fondation faite par le gardien des Frères-Mineurs de Nevers et par frère Jean, prieur de Saint-Saulge, en qualité d'exécuteurs testamentaires de Guillaume d'Autun (*de Eduâ*), chanoine et chantre d'Amiens.

En 1289, Gilles fut choisi comme arbitre des différends qui existaient à l'égard de la possession de la ville de Cosne, entre Guillaume de Grez, évêque d'Auxerre, et Robert, tuteur du jeune Louis de Flandre, comte de Nevers. Il confirma en 1293 l'organisation du diocèse en deux archidiaconés.

Ce prélat mourut le mercredi 28 juillet 1294, jour où se célébrait son anniversaire. On l'inhuma derrière le chœur de la cathédrale, dans la chapelle de Notre-Dame. Le Nécrologe de Nevers fait mention de lui au 5 septembre. Il est présumable que ce jour est celui où le chapitre fit célébrer pour Gilles le service de quarantaine.

JEAN II DE SAVIGNY (1294-1314).

Gui de La Charité et Jean de Garlande que le chapitre divisé avait simultanément élus pour succéder à Gilles de Mauclas, ne furent point agréés par le pape Boniface VIII, parce que Célestin V, son prédécesseur, s'était réservé de nommer à l'évêché de Nevers. En conséquence de cette réserve, le Souverain-Pontife pourvut de ce bénéfice, en 1294, Jean de Savigny, chanoine de l'Église de Chartres.

Ce prélat reçut, le dimanche 1er avril 1296, l'hommage de Louis Ier, comte de Nevers, et, la même année, celui de Jean de Courtenay. Il fut, par décision du concile tenu à Paris par Simon de Beaulieu, cardinal-évêque de Palestrine, légat du Saint-Siége, député, le jeudi 21 juin suivant, avec Bérenger de Frédol, évêque de Béziers, pour représenter de vive voix, au pape Boniface VIII, la désolation et les malheurs de l'Eglise de France et la nécessité d'y mettre fin. En 1297, ce Souverain-Pontife le chargea de faire une enquête sur les biens de l'abbaye de Fontevrault, et sur le nombre de religieuses que les revenus de ce monastère permettaient d'y entretenir. Jean, après une visite faite à Fontevrault, le 9 août de cette année, décida que les revenus de cette abbaye ne pouvaient suffire à plus de trois cents personnes.

Il se rangea du parti de Philippe le Bel pendant la fameuse querelle qui divisa ce prince et le pape Boniface, aussi le vit-on assister à l'assemblée de prélats et de seigneurs tenue à Paris le 10 avril 1302 pour s'opposer aux entreprises du Saint-Père. Loin de se joindre aux prélats français qui, malgré la défense du roi, crurent devoir se rendre au concile tenu à Rome le 30 octobre suivant, Jean de Savigny fut du très-petit nombre des évêques qui se montrèrent au Louvre, le 12 mars et le 13 juin 1303, pour délibérer sur cette déplorable affaire. Deux ans après, il souscrivit au testament de Marguerite, reine de Sicile.

Le lundi 21 mars 1306, il eut l'honneur de recevoir dans son palais épiscopal, à Nevers, le pape Clément V.

Au mois de juin suivant, il reçut de Philippe le Bel la mission de terminer des différends qui existaient entre Jacques Ier, roi de Majorque, son oncle, comte de Cerdagne et de Roussillon, seigneur de Montpellier, et les seigneurs de Durban, au sujet d'un château situé sur le territoire de Salses. Le 19 novembre 1307, Jean assista au sacre d'Arbert, évêque de Clermont.

En décembre 1308, il accompagna Clément V à Toulouse, et lorsque le Souverain-Pontife eût donné la communion aux membres du parlement et aux capitouls, l'évêque de Nevers prit sa place et administra la sainte Eucharistie à tous les fidèles qui se présentèrent ensuite.

En 1309, il fonda, au château de Parzy, la chapelle de Saint-Thibaud, et celles de Saint-Julien au château de Prémery et dans sa cathédrale. Il se trouva au concile provincial de Sens tenu à Paris, du 11 au 26 octobre 1310, et, l'année suivante, fut l'un des Pères du concile général présidé à Vienne par Clément V. En 1313, il consacra l'église collégiale de Tannay.

Le samedi 1er juin 1314, il fit écrire son testament par Anseau de Montargis, prêtre et notaire de l'officialité de Nevers, institua pour son exécuteur testamentaire, Robert, abbé de Saint-Laurent d'Auxerre, et mourut le mardi 4 du même mois après avoir fondé dans sa cathédrale deux anniversaires qui devaient être célébrés, l'un le 27 janvier, l'autre le jour de son décès.

On l'inhuma à Saint-Cyr, au pied du pilier du chœur, placé en face de la porte de Loire.

Les armoiries de Jean de Savigny étaient : *de gueules, à trois lions vilenés, couronnés et contournés d'argent.*

65. — GUILLAUME III BEAUFILS (1314-1319).

Ce prélat, né à La Charité-sur-Loire, fut élu vers la fin de 1314. Il approuva, le dimanche 28 septembre 1315, une donation faite à la chapelle de Saint-Louis en la cathédrale, fit, en 1316, avec les habitants de Prémery, un traité au sujet de l'usage des bois de la seigneurie, et mourut le mardi 2 janvier 1319, jour où l'on célébrait son anniversaire en la cathédrale.

Guillaume Beaufils portait pour armoiries : *de gueules, au chevron d'argent, accompagné de trois besants de même, 2 et 1.*

66. — PIERRE Ier BERTRAND ou BERTRANDI (1320-1322).

Né à Annonay dans le Vivarais, il était fils de Matthieu Bertrand, médecin, et d'Agnès dite l'*Impératrice.* Sa famille ne fut anoblie que peu à peu par le roi Philippe de Valois en 1339 et 1342. Il se rendit très-habile dans le droit civil et canonique qu'il professa successivement à Avignon, à Montpellier, à Orléans où il avait, dit-on, pris le grade de docteur, et à Paris. Duchesne assure cependant que ce fut à Montpellier qu'il obtint ce grade en présence de Bertrand de Bordes, évêque d'Albi de 1308 à 1310, et depuis cardinal. La préface de son ouvrage *Scrinium juris,* rapportée dans l'*Histoire des Cardinaux français,* autorise assez cette opinion. Ses talents lui ouvrirent la voie des honneurs et il eut pour amis tous les gens de lettres de la cour des papes d'Avignon et de celle des rois de France. Ayant embrassé la carrière ecclésiastique, il devint chanoine et doyen du Puy, et avocat au parlement de Paris où il plaida en présence de Louis X la cause de Louis, comte de Nevers, contre Robert d'Artois, qui prétendait au comté de Flandre. Il fut nommé peu de temps après conseiller-clerc au même parlement, chancelier de Jeanne, reine de France et comtesse de Bourgogne, et cette princesse le nomma son exécuteur testamentaire avec Thomas de Savoie, Pierre de La Palu et Nicolas de Lyre, provincial de l'Ordre des Frères-Mineurs en Bourgogne.

Nommé à l'évêché de Nevers, il fut sacré en cette qualité en

1320 dans l'église de Saint-Germain-l'Auxerrois à Paris par Milon de Chailly, évêque d'Orléans, et Robert de Joigny, évêque de Chartres, en présence de Pierre de Courpalay, abbé de Saint-Germain-des-Prés, lorsqu'il eut promis pour ce siége à la Chambre apostolique le 11 février de cette année. L'année suivante, il fut présent à un traité conclu entre Jeanne, reine de France, et Henri de Bourgogne. Après la mort d'Elie, il obtint en 1322 l'évêché d'Autun pour lequel il fit, le 1er juillet, ses soumissions à la Chambre apostolique.

Il est principalement connu par le rôle qu'il joua dans les conférences présidées par Philippe de Valois les 15 et 29 décembre 1329 à Paris, et les 22 décembre 1329, 5 et 7 janvier 1330, à Vincennes. L'objet en était, sur les plaintes des barons contre l'envahissement des justices ecclésiastiques, de régler la compétence des prélats, de réprimer les entreprises de leurs officiaux et de déterminer les limites précises des deux juridictions, questions non moins difficiles que délicates dans un temps où les esprits n'étaient pas aussi éclairés qu'ils le sont aujourd'hui. Pierre de Cugnières, avocat du roi, prétendit que toute la juridiction ecclésiastique était une usurpation sur les droits des souverains. Pierre Bertrand parla pour la défense du clergé après Pierre Roger, archevêque de Sens, depuis pape sous le nom de Clément VII. Il s'attacha principalement, en réponse aux 66 griefs de Pierre de Cugnières, à établir la compatibilité des deux juridictions dans la même personne et à prouver que la connaissance des causes civiles appartient aux ecclésiastiques de droit divin et humain, par coutume et par privilége. Le résultat de la conférence qui occupa cinq séances tant à Paris qu'à Vincennes, fut que les prélats promirent une réformation. Le roi de France leur donna environ un an pour y travailler, mais ses démêlés avec l'Angleterre ne lui permirent pas d'en poursuivre l'exécution. Fleury prétend que, dans cette dispute, la cause de l'Église fut mal attaquée et mal soutenue. Quoi qu'il en soit, le zèle que Bertrand déploya pour défendre les intérêts du clergé lui valut le chapeau de cardinal que le pape Jean XXII lui donna le 19 décembre 1331 avec le titre de Saint-Clément, et le roi, en signe de triomphe, lui permit de porter des fleurs de lis dans l'écusson de ses armes.

Le cardinal Bertrand, s'étant alors démis de son siége d'Autun, convertit en collége sa maison située à Paris, rue Saint-André-des-Arts, en 1337, et le dota en 1343 pour l'instruction et l'entretien de quinze étudiants des diocèses de Vienne, du Puy et de Clermont. En 1347, avec la permission du pape Clément VI, il fonda à Annonay un monastère pour des religieuses de Sainte-Claire. Peu de temps auparavant, il y avait fondé et doté un hospice sous le titre de Notre-Dame-la-Belle pour recevoir les pèlerins de la Terre sainte.

Pierre Bertrand mourut à Avignon le 24 juin 1349, avec la réputation du plus savant canoniste de son siècle. Son corps fut inhumé dans le prieuré de Montault auprès de cette ville, qu'il avait fondé en 1340. La relation des conférences de Paris et de Vincennes, après avoir été insérée dans différents recueils d'une manière très-inexacte, et imprimée notamment à Paris, en 1495, in-4°, en 1503, in-16, et en 1513, petit in-8° gothique, a été publiée en 1731, in-8° à Paris, par Brunet, sous ce titre : *Libellus D. Bertrandi*, etc., *adversus Petrum de Cugneriis, purgatus à variis mundis et restitutus ad fidem duorum manuscriptorum Colbertinorum*. Elle est précédée d'une *lettre* curieuse de l'éditeur sur toute cette affaire. C'est dans cet état que l'ouvrage a été réimprimé dans le troisième volume des *Libertés de l'Eglise gallicane*, de Durand de Maillane, Lyon, 1771, 5 vol. in-4°; mais c'est à tort qu'on lui donne le titre d'*Actes de la Conférence*. Ces *Actes* n'ont jamais été imprimés; ce que nous avons sous ce titre est du cardinal Bertrand. On a encore de ce prélat : *Tractatus de origine jurisdictionum sive de duabus potestatibus, temporali nempe et spirituali*, Paris, 1551, in-8°. On y remarque les mêmes preuves, les mêmes principes et le même plan que dans le petit ouvrage de l'évêque de Meaux, Durand de Saint-Pourçain. Il avait composé plusieurs autres ouvrages qui sont restés manuscrits, entre autres, des *Commentaires sur le sixième livre des Décrétales*.

Il ne faut pas le confondre avec Pierre Bertrand de Colombier, son neveu, qui, d'évêque de Nevers et d'Arras, fut en 1343 décoré de la pourpre. Le prélat dont nous venons de retracer la vie avait pour armoiries : *d'argent, au chevron d'azur, chargé de trois fleurs de lis d'or, et accompagné de trois roses de gueules, 2 en chef, 1 en pointe.*

67. — PIERRE II BERTRAND (1325-1329).

Cet évêque a été passé sous silence par les auteurs de la *Gallia christiana*; les anciens livres de la cathédrale font cependant foi qu'un prélat de ce nom occupa le siége épiscopal de Nevers depuis 1325 au plus tard jusqu'en 1329. Parmentier, dans son *Manuscrit historique des évêques*, cite plusieurs pièces qui ne laissent aucun doute à cet égard. On ignore si Pierre Bertrand était parent du précédent, mais on ne peut fixer sa mort qu'en 1329, car rien ne constate sa translation à un autre siége. Sous son épiscopat, en 1328, la Chartreuse de Basseville, sur le territoire de Surgy, fut fondée par un ancien curé de Surgy, appelé Jean Legrand, chanoine de Furnes, aumônier de Louis Ier, comte de Flandre.

68. — BERTRAND Ier GASCON (1329-1332).

Originaire de Campuzan, près de Castelnau de Magnoac au diocèse d'Auch, Bertrand doit son surnom à la province qui le vit naître. Il fit son entrée solennelle à Nevers le 9 avril 1329, quitta le diocèse peu après, et se trouvant au château de Campuzan qui lui appartenait, vendit, par acte du mardi 30 janvier 1330 à Jean du Plessis Pasté, évêque de Chartres, une maison qui dépendait de son Église et était située à Paris, rue Judas, ou du Clos-Bruneau.

Le 24 mars 1332, retenu malade en son château de Préméry, Bertrand écrivit au pape Jean XXII pour le prier de commettre un prélat qui consacrât la cathédrale de Nevers. Cette lettre était sans doute, de pure bienséance, puisque le surlendemain, jeudi 26, il adressa à Pierre de La Palu ou du Marais (*de Palude*), patriarche de Jérusalem, de nouvelles lettres portant tout pouvoir d'exercer les fonctions épiscopales dans le diocèse de Nevers. En vertu de ces pouvoirs, le patriarche consacra la cathédrale de Saint-Cyr le dimanche 31 mars 1332, et, peu après, en l'honneur de la Sainte Vierge et de saint Jean-Baptiste, l'église de la Chartreuse de Basseville.

L'évêque de Nevers, toujours retenu à Prémery, confirma le 21 octobre suivant tout ce qu'avait fait le patriarche et ordonna qu'à l'avenir on ferait tous les ans mémoire de la dédicace de la cathédrale; mais il voulut que cette solennité se célébrât le 27 octobre, fête de la susception du bras de saint Cyr.

Une charte datée du vendredi 26 juin 1332 en faveur de l'abbaye de Montier-Saint-Jean, au diocèse de Langres, fait également mention de Bertrand qui mourut vers la fin de cette même année.

69. — JEAN III DE MANDEVILLAIN (1333-1339).

Né à Clermont en Auvergne, Jean, clerc de la chapelle du roi Charles IV, chanoine de Saint-Quentin et doyen de Nevers, fut élevé sur le siége épiscopal de cette dernière ville en 1333. Il se trouvait le dimanche 19 décembre de cette année à Paris, lorsque plusieurs prélats et théologiens donnèrent, en présence de Philippe de Valois, leur avis sur l'état des âmes après la mort.

Des chartes de l'archevêché de Rouen le mentionnent à la date des 8 juillet et 3 novembre 1334. Transféré à l'évêché d'Arras, Jean de Mandevillain promit pour cette Eglise à la Chambre apostolique le 17 octobre 1334.

Philippe de Valois l'adjoignit à Pierre de Cugnières pour apaiser les dissensions qui s'étaient élevées entre Edouard, comte de Bar, et les bourgeois de Verdun. Les deux mandataires publièrent à cet égard des ordonnances que le parlement de Paris confirma le 22 juillet 1336.

Les registres du Vatican mentionnent à la date du 6 février 1339 la translation de Jean de Mandevillain à l'évêché de Châlons-sur-Marne. Ce prélat fit en effet ses soumissions en cour de Rome pour ce nouveau siége le 27 octobre suivant, mais la mort le surprit un mois après, à Paris, le samedi 27 novembre 1339. On l'inhuma, le mardi 14 décembre suivant, dans la cathédrale de Clermont où son tombeau, avec une lame de plomb indiquant le jour de son décès et de sa sépulture, fut découvert en septembre 1742, lors de l'inhumation de l'illustre Massillon, évêque de cette ville. On peut consulter à cet égard un article du *Mercure de France*, mois de juin 1756, p. 81.

Jean de Mandevillain légua à l'Eglise d'Arras une somme de deux cents livres tournois. Ce fait est attesté par une charte conservée aux archives d'Arras, aux termes de laquelle Guillaume de Mandevillain, de Clermont, certifie en présence de témoins que Jean de Mandevillain son frère, évêque, laisse, entre autres legs relatés dans son testament, à son ancienne Eglise d'Arras, une somme de deux cents livres tournois, pour que le jour anniversaire de son décès, une messe solennelle soit célébrée à perpétuité pour le repos de son âme. Cette charte qui donne un démenti à certains catalogues des évêques de Nevers où Jean de Mandevillain est compté comme siégeant encore en 1346, nous a paru assez importante comme pièce historique, pour être insérée ici dans toute sa teneur. On y lit :

« A tous ceux qui ces lettres verront, Guillaume Gormont garde de la Prévôté de Paris, salut.

« Sçavoir faisons que par devant Pierre le Bègue et Raoul de Brencourt, clercs-notaires jurés établis de par nostre sire le Roi en son Chastelet de Paris, honorable homme et saige Guillaume de Mandevilain, bourgeois de Clermont en Auvergne, tant en son propre nom que comme procureur et en nom procuratoire de Bonnet Mandevilain, son frère, ambe-deux frères et héritiers par bénéfice d'inventaire de bonne mémoire feu Monsieur Jehan de Mandevilain, jadis évesque de Chaslons..... reconnut le dit Guillaume ès-noms de lui et du dit Bonnet son frère, que le dit évesque, entre les aultres choses contenues en son testament ou derraine volonté, en faisant et ordenant icelui, avoit laissé à l'Eglise d'Arras, dont il avoit été évesque, deux cents livres tournois, etc., en témoing de ce, nous à la relation des dits notaires-jurés, auxquels nous ajoutons pleine foi en ce cas et greigneur, avons mis en ces lettres le scel de la Prévosté de Paris, le dimanche vingtième jour de février, l'an de grâce mil trois cent trente neuf. »

Cette charte est toute entière transcrite dans une transaction conclue le 21 janvier 1344, par le même Guillaume de Mandevillain avec le chapitre d'Arras, relativement à la mise à exécution de l'anniversaire de son frère. La date du 20 février 1339 qu'elle porte est suivant l'ancien style, et pour la faire concorder avec celle de l'inscription gravée sur la lame de plomb découverte en septembre 1742, il faut se rappeler que d'après notre manière actuelle de compter, le 20 février 1339 correspond au 20 février 1340. Pâques en cette dernière année tombait le 16 avril, les lettres dominicales étaient B A puisque l'année était bissextile, le premier jour de février se trouvait un mardi, il en résulte que le 20 de ce mois était bien un dimanche.

70. — PIERRE III BERTRAND DE COLOMBIER

(1335-1339).

Fils de Barthélemi Maleton, seigneur de Colombier, près de Tournon, et de Marguerite Bertrand, sœur de Pierre Bertrand, évêque de Nevers, puis d'Autun, il prit le nom de Bertrand, soit par respect pour le cardinal son oncle, soit par suite de conventions matrimoniales intervenues entre ses parents. Toujours est-il qu'il rejeta son nom patronymique pour celui de Bertrand que sa famille porta depuis. Guillaume Bertrand qui occupa le siége épiscopal de Soissons de 1349 à 1362 fut l'un de ses frères (1). Pierre, pourvu d'une charge de conseiller au parlement de Paris, d'une prébende dans l'Église d'Autun, d'un canonicat dans la cathédrale du Puy et du doyenné de Saint-Quentin en Vermand, fut élu à l'évêché de Nevers, et, d'après les registres du Vatican, promit pour ce siége à la Chambre apostolique le 31 janvier 1335.

C'est à tort que certains historiens ont prétendu que la démission de son oncle lui avait fait obtenir l'évêché de Nevers : il est prouvé que le Souverain-Pontife lui donna seul ses provisions. Il prit possession du siége le samedi 22 février 1337, mais ne resta point dans ce diocèse où il reçut cependant en ce même mois les hommages de Pierre le Fèvre, chantre, et de Pierre de Prouille, écolâtre de la collégiale du château de Prémery. Par une circulaire du samedi 5 décembre 1337, il réserva pour aider à l'achèvement de la cathédrale toutes les quêtes de l'Avent et du Carême, ainsi que le tiers des quêtes des autres temps de l'année, et défendit, sous peine d'excommunication, d'autoriser qui que ce fût à faire d'autres quêtes, à moins qu'il n'eût obtenu du Souverain-Pontife une permission toute spéciale.

Transféré à l'évêché d'Arras, il fit ses soumissions à la Chambre apostolique pour cette nouvelle Eglise le 5 avril 1339, et prêta serment au chapitre métropolitain de Reims en 1341.

Le pape Clément VI le créa cardinal du titre de Sainte-Suzanne dans le consistoire du 26 février 1344; Innocent VI lui donna, en 1353, l'évêché d'Ostie et de Velletri, et le nomma son légat pour couronner à Rome l'empereur Charles IV, ce qu'il fit le 4 avril 1355.

Le cardinal Pierre Bertrand mourut de la peste à Avignon, le

(1) On trouve aux Archives de l'Empire des lettres du roi Philippe VI données en mars 1339 à l'abbaye de Royaumont près de Pontoise, par lesquelles ce prince confère la noblesse à Guillaume Bertrand, *alias* de Maleton, seigneur du château de Saint-Romain et à ses descendants. Par d'autres lettres-patentes datées de Saint-Germain-en-Laye, au mois de mars 1342, Philippe VI octroie à perpétuité la noblesse pleine et entière à Jean Bertrand de Colombier, fils de feu Guillaume Bertrand, et à ses enfants de l'un et de l'autre sexe. Baluze (*Notæ ad vitas paparum avenionensium*, col. 782 et 870), fait mention de ces diverses lettres-patentes royales.

mardi 13 juillet 1361, et fut inhumé dans le couvent qu'il avait fondé à Colombier. Il avait employé la plus grande partie de ses revenus à des fondations religieuses.

Ses armoiries étaient : *d'argent au chevron d'azur, chargé de trois fleurs de lis d'or, et accompagné de trois roses de gueules, 2 en chef, 1 en pointe.*

Au milieu de la confusion que la conformité de nom a jeté dans l'histoire des évêques du nom de Bertrand, et lorsque la plupart des auteurs, même les Bénédictins, ne s'appuient que sur des probabilités, nous avons dû nous livrer à de pénibles recherches pour essayer de soulever une partie du voile qui couvre les actes des évêques de cette époque. On ne s'étonnera donc pas si nous nous sommes écartés ici de l'opinion des auteurs de la *Gallia christiana* et de quelques autres historiens.

71. — BERTRAND II ACCAIOLI ; APPELÉ AUSSI ALBERT (1339-1355).

Il naquit à Florence de Léon Accaioli, noble sénateur, et eut pour neveu le cardinal Ange Accaioli, mort évêque d'Ostie le 12 juin 1409. Elu par Jean XXII à l'évêché d'Apt le 7 juillet 1331, Bertrand ne fit qu'apparaître sur ce siége où il fut toutefois installé par procureur, au préjudice de l'élu du chapitre, et, qu'il échangea sans être jamais venu dans ce diocèse le 5 juin 1332, pour celui de Bologne en Italie.

Une émeute populaire qui éclata en 1336 dans cette ville le força d'abandonner son diocèse et de se réfugier à Avignon auprès du pape Benoît XII. Ce Souverain-Pontife, après la translation de Pierre Bertrand à Arras, pourvut en 1339 Bertrand Accaioli de l'évêché de Nevers pour lequel il promit à la Chambre apostolique le 17 mars de cette année.

Philippe de Valois lui donna peu après une charge de président à la chambre des enquêtes du parlement de Paris. Bertrand siégea au concile provincial tenu à Paris du 9 au 14 mars 1347, par Guillaume de Melun, archevêque de Sens. Le 28 mai 1351, il retira à Decize de la châsse de saint Aré un bras et un os maxillaire. Se trouvant au château d'Urzy le 10 mars 1354, il conféra la cure de Magny-Cours, et mourut vers le mois d'août 1355.

72. — BERTRAND III DE FUMEL ou DE PÉBRAC (1355-1360).

Il était le deuxième fils de Bertrand de Fumel, vicomte de la Barthe, comte d'Aure et de Magnoac, seigneur de Barousse, et de Brunissende de La Barthe. Déjà prieur de Ventadour, Bertrand devint en 1319 prieur de Saint-Martin-des-Champs, au diocèse de Paris. Son mérite autant que sa naissance fixa sur lui les regards du roi Philippe de Valois qui lui donna une place dans ses conseils.

Jean Ier, successeur de ce prince, nomma Bertrand, le 10 décembre 1351, *réformateur général en toute la Langue d'oc.*

L'évêché de Vabres lui ayant été donné le 28 octobre 1353, Bertrand convoqua à Najac les communes du Rouergue pour leur demander un subside destiné à payer les frais de la guerre contre les Anglais. Le 4 avril 1355, il confirma la fondation d'une confrérie de prêtres au nombre de quarante, érigée dans l'église de Saint-Affrique par Raimond d'Olargues, son prédécesseur, le 18 novembre 1346.

Bertrand fut transféré à l'évêché de Nevers à la fin de 1355, et c'est de ce titre qu'il est qualifié dans une charte du 16 février 1356 qui le charge avec Jean Chalemard, président au parlement de Paris, et Robert de Clermont, maréchal du duc de Normandie, d'aller représenter aux peuples et aux États généraux de Languedoc qui devaient s'assembler le 26 mars suivant à Toulouse, le besoin que le roi de France avait de leur secours pour continuer la guerre contre les Anglais. Bertrand réussit dans cette mission et revint peu après à Paris. Rien ne constate qu'il ait fait quelque chose pour son diocèse. Sa mort arriva en 1360.

Il portait pour armoiries : *d'or*, *à trois pointes d'azur*, *mouvantes du bas de l'écu.*

73. — RENAUD II DE MOULINS (1360-1361).

Il fut élu en 1360 et ne fit que passer sur le siége de Nevers. Il mourut en 1361 dans les premiers mois de l'année.

74. — PIERRE IV AYCELIN DE MONTAIGUT (1) (1361-1371).

Fils de Gilles Aycelin, seigneur de Montaigut, près de Billom en Auvergne, et de Macaronne de La Tour, Pierre prit l'habit de Bénédictin à Cluny, et devint plus tard prieur de Saint-Martin-des-Champs et proviseur de Sorbonne. On le trouve en 1357 comme chancelier du duc de Berri, alors comte de Poitiers, et, en 1360, une somme de douze florins d'or lui fut assignée pour ses dépenses journalières, en qualité de lieutenant de ce prince en Languedoc. La paix ayant été rétablie en 1361 dans cette province, Pierre habita d'abord à Toulouse, puis à Chateldon au sein de sa famille. Ce fut là qu'il apprit son élection à l'évêché de Nevers. Il promit pour son prédécesseur le 7 septembre 1361, et l'un de ses premiers actes fut l'érection de la cure de Moulins-Engilbert.

Pierre fut chargé le 1er février 1365, par le roi Charles V, de traiter de la paix avec l'Angleterre, et son élévation à l'épiscopat et les diverses fonctions dont il était pourvu ne l'empêchèrent pas d'accepter de ce prince plusieurs ambassades. Le 13 décembre 1366, il assista à l'hommage que Jean, duc de Bretagne rendit au roi de France Charles V, et député à Meaux le 14 mai 1368, avec le duc de Berri, au sujet de la guerre, il reçut pour cette mission une somme de 200 livres d'or. Le 6 juillet suivant, on le trouve chargé de pourvoir à la rentrée des subsides pour la défense du royaume, et en cette qualité, il reçoit ce même jour, une somme de 1,200 livres d'or pour une mission auprès du Souverain-Pontife. 300 livres lui furent en outre assignées pour ce voyage, au sujet duquel il reçut, le 10 avril 1369, une nouvelle somme de 1,900 livres d'or. Les gages de sa charge étaient de 1,000 livres d'or. Il se trouva à Rome comme procureur de Charles V à l'hommage que Louis de Navarre lui rendit le 30 janvier 1370, et était depuis deux ou trois ans chargé d'affaires de France auprès du pape Urbain V.

Cette même année, au mois de décembre, il succéda à Geoffroi le Meingre sur le siége épiscopal de Laon, et promit pour ce nou-

(1) C'est à tort, ce nous semble, que la plupart des historiens ont écrit *Montaigu*. Le village de Glaine-Montaigut, près de Billom (Puy-de-Dôme), dont cette famille est originaire, a toujours été mentionné dans les actes officiels sous le nom de *Montaigut*.

veau siége à la Chambre apostolique le 16 janvier 1371. En février 1372, le roi lui confia la mission d'aller au devant du cardinal Jean de Dormans, ancien évêque de Beauvais que le Pape avait envoyé en Angleterre avec le titre de légat, dans la vue d'amener une conciliation entre les deux pays. Le 20 mai suivant, Pierre prêta à l'Église métropolitaine de Reims le serment d'usage et fut nommé peu après ambassadeur de Charles V auprès de Jean, duc de Bretagne. A son retour en 1373, il entra au conseil du roi, et assista au mois d'août 1374 au célèbre lit de justice où fut promulgué l'édit qui fixait à quatorze ans la majorité des rois de France. En décembre 1378, l'évêque de Laon se trouva à un autre parlement convoqué contre le duc de Bretagne, et le 19 mars 1379, fut présent à une transaction conclue entre Guillaume de l'Etrange, archevêque de Rouen, et Marguerite, abbesse de Montivilliers. En octobre 1380, il assista au parlement où fut agitée la question du sacre du roi Charles VI, à peine âgé de douze ans, et, le 4 novembre suivant, remplit ses fonctions de pair de France au sacre de ce prince à Reims. Jean, duc de Bretagne, rendit hommage au nouveau roi en sa présence à Compiègne le 27 septembre 1381.

Pierre de Montaigut fut créé cardinal par l'antipape Clément VII, le 23 octobre 1383; mais c'est à tort que quelques auteurs lui donnent le titre de cardinal de Saint-Marc. Ce titre cardinalice appartenait à cette époque à Nicolas de Brancas qui ne le quitta qu'en 1387 en devenant évêque d'Albano pour succéder au cardinal Anglic Grimoard. L'épitaphe de Pierre ne lui donne pas d'autre qualification que celle de cardinal-prêtre de la Sainte Église Romaine.

En 1384, lui et Richard Picque, archevêque de Reims, obtinrent de Clément VII l'autorisation de ne point résider dans leur diocèse. Pierre conserva jusqu'en 1386 l'évêché de Laon et s'en démit cette année par l'ordre spécial du Souverain-Pontife. Il continua cependant à s'intituler cardinal de Laon, et c'est sous ce nom qu'il signa en 1386 le contrat de mariage de Louis, duc d'Orléans, et de Valentine de Milan. Se trouvant en novembre 1388 à Reims au conseil du roi, il y fut prié par le chancelier de France, puis par Charles VI lui-même, de donner le premier son avis sur la conduite à tenir dans l'administration du royaume. Le cardinal répondit avec franchise que le roi était assez âgé pour gouverner seul, et pour ne plus être soumis à personne. C'était désigner clairement, bien qu'il ne les nommât point, les oncles du roi, notamment le duc de Bourgogne, Philippe le Hardi. Cet avis l'emporta, mais le lendemain, dimanche 8 novembre 1388, le cardinal de Laon mourait, et l'autopsie de son corps prouvait que le poison avait mis fin à ses jours. Le duc de Bourgogne fut hautement accusé de ce crime. On rapporta à Paris le corps du cardinal qui fut inhumé dans l'église de Saint-Martin-des-Champs. Le collége de Montaigut dû à la générosité de Gilles Aycelin, archevêque de Rouen, son grand oncle, reconnaissait le cardinal de Laon pour second fondateur.

Pierre Aycelin de Montaigut portait : *de sable, à trois têtes de lion, arrachées d'or, lampassées de gueules.*

75. — JEAN IV DE NEUFCHATEL (1371-1372).

Fils de Thibaud V, baron de Neufchâtel, et de Jeanne de Châlon, il naquit à Neufchâtel (Suisse), vers 1335 d'une des plus considérables maisons du comté de Bourgogne, et destiné par ses parents à la carrière ecclésiastique, devint, à l'âge de quinze ans, chanoine de la cathédrale d'Autun, et obtint successivement les prieurés de Saint-Pierre d'Abbeville et de Notre-Dame de Bar-le-Duc. Jean reçut la prêtrise à Besançon, et fut postulé, mais sans résultat, pour archevêque, par le clergé de cette métropole après la mort de Louis de Montfaucon, arrivée le 25 juillet 1362.

Élu en 1370 à l'évêché de Nevers, il promit à la Chambre apostolique le 3 mars 1371, et reçut cette même année l'onction épiscopale des mains de Guillaume de Melun, archevêque de Sens. L'année suivante et par acte du lundi 16 août, il transigea sur certains droits en litige avec le doyen et le chapitre de Saint-Cyr.

Jean de Heu, évêque de Toul, étant mort à Metz le 19 de ce mois, Jean de Neufchâtel fut appelé en octobre à lui succéder. Il prit possession de cette nouvelle Église le 4 mai 1373. Il obtint en 1377, de l'empereur Charles IV, des lettres qui l'investissaient du pouvoir temporel et lui reconnaissaient le titre de prince de l'Empire. Robert de Genève son parent, devenu pape sous le nom de Clément VII, et reconnu par certaines puissances, le fit son camérier, et le créa, le 23 octobre 1383, cardinal du titre des Quatre saints couronnés.

Jean se démit l'année suivante de son évêché et alla résider auprès du Souverain-Pontife à Avignon. Le 29 mai 1385, il reprit en main l'administration du diocèse de Toul qu'il gouverna par l'entremise d'un suffragant, François, évêque de Sidon *in partibus*.

En décembre 1392, il devint évêque d'Ostie et de Velletri, et couronna à Avignon en octobre 1394, l'antipape Benoît XIII, Pierre de Lune, dont il suivit longtemps l'obédience. Affligé cependant du schisme qui déchirait l'Eglise, il mit tout en œuvre pour en amener la fin et ne cessa de solliciter Pierre de Lune de se démettre. Toutefois, il mourut à Avignon en odeur de sainteté, le vendredi 4 octobre 1398, sans avoir pu triompher de l'obstination de Pierre. Le jour de sa mort, un incendie consuma son palais, et la dépouille mortelle du cardinal, sauvée par ses amis du milieu des flammes, fut déposée dans l'église de la Chartreuse de Villeneuve auprès de cette ville.

Jean de Neufchâtel portait pour armoiries : *de gueules, à la bande d'argent.*

76. — PIERRE Ier DE VILLIERS (1372-1375).

Frère de Nicolas Champagne à qui le roi Charles V accorda des lettres de noblesse en novembre 1372, Pierre en faisant profession chez les Dominicains, à Troyes, quitta son nom patronymique pour prendre celui du village de Villiers-Herbisse où il avait vu le jour. Docteur en théologie de la Faculté de Paris, il acquit bientôt la réputation d'un des plus célèbres orateurs de son siècle, et devint provincial du collége de Navarre. Charles V le choisit pour confesseur et lui fit obtenir l'évêché de Nevers pour lequel il promit le 22 décembre 1372 à la Chambre apostolique, suivant les registres du Vatican.

Le dimanche 16 octobre 1373, il dédia à Paris, sous l'invocation de saint Louis, la chapelle du collége de Navarre, et assista au mois d'août 1374 au lit de justice où le roi Charles V promulgua l'édit qui fixait la majorité des rois de France. Ce prince le nomma en octobre, l'un de ses exécuteurs testamentaires.

Transféré à l'évêché de Troyes, Pierre de Villiers promit pour cette nouvelle Église le 12 octobre 1375, et, accompagné de Philippe le Hardi, duc de Bourgogne, fit son entrée solennelle à Troyes le 29 avril 1376. Pendant son court épiscopat, il fit de grands biens au couvent des Dominicains dans l'église duquel il fut inhumé à droite du maître-autel, après sa mort arrivée le jeudi 11 juin 1377.

Ses armoiries étaient : *de sable, semé de fleurs de lis d'argent.*

77. — PIERRE VI DE DINTEVILLE (1375-1380).

Ce prélat appartenait à une noble famille de Champagne dont le véritable nom était Jaucourt, et était fils de Pierre de Jaucourt, seigneur de Dinteville, au diocèse de Langres, et de Jeanne d'Arzillières, fille d'un des plus riches barons de cette province. Pourvu d'un canonicat dans la cathédrale d'Orléans, en 1331, il y fonda en 1357 une chapelle en l'honneur de saint Yves dont il écrivit aussi la Vie demeurée manuscrite.

Élu évêque de Nevers, il reconnut pour son prédécesseur à la Chambre apostolique le 9 octobre 1375. Ce fut lui qui, le 19 mars 1376, célébra la messe pendant laquelle Louis, duc d'Anjou et comte du Maine, prêta serment de fidélité sur la sainte Eucharistie au roi Charles V, son frère.

Pierre de Dinteville fit son entrée solennelle à Nevers le 22 juillet suivant, et fut créé la même année chancelier de Bourgogne. Il visita en 1378 le tombeau de saint Aré, à Decize, et autorisa la fondation d'un couvent de Frères-Mineurs, faite à Nevers par la comtesse Marguerite de Flandre.

Sous son épiscopat, Philippe de Moulins, depuis évêque d'Évreux et de Noyon, établit à Moulins-Engilbert une collégiale dont une bulle du 17 avril 1378 confirma la fondation. Le 4 juillet 1379, Pierre nomma Nicolas de Vitry pour son official, et mourut en 1380.

Il portait : *de sable, à deux léopards d'or, l'un sur l'autre.*

78. — MAURICE DE COULANGES LA VINEUSE (1380-1395).

Né dans le village dont il portait le nom, il fit profession dans le couvent des Dominicains d'Auxerre, et après avoir enseigné la théologie dans les maisons de son Ordre, à Sens et à Paris, devint confesseur des rois Charles V et Charles VI, et grand-pénitencier du pape Clément VII.

Maurice venait d'être appelé à l'évêché de Nevers, lorsque, le 16 septembre 1380, il administra les derniers sacrements au roi Charles V. Il promit pour son prédécesseur le 24 avril 1381, et, par un bref du 6 février 1382, Clément VII, compétiteur d'Urbain VI et pape reconnu par la France, le délégua pour procéder à l'examen des priviléges de l'abbaye de Saint-Allyre, au diocèse de Clermont. Le dimanche 29 juin suivant, il fit son entrée solennelle dans sa ville épiscopale.

A la prière de Louis II, duc de Bourbon, il fut chargé en 1386 par le Souverain-Pontife d'ériger en collégiale, où se trouveraient douze chanoines, la chapelle de Notre-Dame de Moulins. Maurice fit construire à ses frais la tour du couvent des Dominicains à Nevers et la flèche élégante qui la surmontait. Quoiqu'il n'eût cessé de protéger ses anciens confrères, il fit arrêter et conduire dans les prisons de Paris Adam de Soissons, prieur des Jacobins de Nevers, pour avoir avancé publiquement dans ses sermons plusieurs erreurs contre l'Immaculée Conception de la Très-Sainte Vierge. Adam les rétracta le 16 mai 1389 en présence des députés de l'Université de Paris.

Maurice de Coulanges fonda un anniversaire dans sa cathédrale et mourut à Nevers le samedi 16 janvier 1395. On l'inhuma dans le sanctuaire de Saint-Cyr, du côté de l'évangile, sous une tombe en marbre noir, incrusté de marbre blanc, qu'on y voit encore.

79. — PHILIPPE Ier FROMENT (1395-1401).

Neveu de Maurice de Coulanges, né dans le village de ce nom, et comme son oncle, religieux dominicain du couvent d'Auxerre, il était devenu confesseur de Philippe le Hardi, duc de Bourgogne, qui, en décembre 1388, après la translation de Guillaume de Vallan au siége d'Évreux, lui donna l'évêché de Bethléhem, au faubourg de Clamecy.

Élu à l'évêché de Nevers, il fit son entrée solennelle le dimanche 28 mars 1395, et promit à la Chambre apostolique le 12 juillet suivant. Pierre Naudet, doyen de la cathédrale, lui suscita divers procès relativement à la collation, à la provision et à la desserte de l'église paroissiale de Saint-Didier, qu'une sentence arbitrale accorda au doyen le 9 avril 1396, ainsi que sur quelques autres objets de juridiction tant dans la ville que dans le doyenné de Nevers. Un arrêt du parlement de Paris, en date du 16 août suivant, accorda au doyen la juridiction provisoire, mais une transaction intervint le samedi 1er mai 1400 entre les parties et mit fin à toute contestation. Le 2 septembre 1396, Philippe reçut l'hommage pour la terre de Romeron située dans la paroisse de Chaluzy. Il leva de terre dans le prieuré de Beaumont le corps de saint Thibaud, confesseur, le transféra dans l'église de Saint-Germain d'Auxerre le mercredi 21 avril 1400, et mourut plein de jours et de mérites, le jeudi 20 janvier 1401.

Ce prélat, qui joignait continuellement le jeûne à la prière pour attirer les grâces de Dieu sur le troupeau qui lui était confié, fut inhumé au milieu du chœur de la cathédrale.

80. — ROBERT III DE DANGEUL OU MIEUX DE DANGEAU (1401-1430).

Originaire du village de Dangeau, au diocèse de Chartres, Robert était frère de Milon, doyen de Chartres et chanoine de Paris. Il était lui-même chanoine de ces deux Eglises, archidiacre de celle de Paris, conseiller et aumônier de Charles VI, roi de France, et de Philippe le Hardi, duc de Bourgogne, et enfin archidiacre de Nevers.

Élu par le chapitre, il fut sacré au mois de mai 1401, par Guillaume de Dormans, archevêque de Sens, et prit possession immédiate du siége par Pierre Leclerc, archidiacre de Decize, son procureur.

Robert dédia en 1405 l'église du couvent des Dominicains de Nevers, assista, en novembre 1406, au concile tenu à Paris pour arriver à l'extinction du schisme, et, par acte du 29 décembre de cette année, adhéra à l'appel au futur concile général interjeté le 24 du même mois par l'Université de Paris. En 1407, Philippe de Moulins, évêque de Noyon, donna à l'Eglise de Nevers une somme de 450 livres, un diadème doré dans lequel était enchâssée une épine de la couronne de Notre Seigneur, et une grande croix également dorée. Le chapitre reconnaissant fonda deux messes à l'intention de ce prélat.

En 1409, Robert se rendit au concile de Pise et décida que les revenus d'une des prébendes de la cathédrale seraient appliqués à l'entretien des enfants de chœur. En 1417, il attira à Nevers, pour y faire entendre la parole divine à son troupeau, l'illustre saint Vincent Ferrier qui demeura en cette ville depuis le samedi 20 novembre jusqu'au mardi 30 du même mois.

Par une bulle du 19 juillet 1418, le pape Martin V chargea Robert de Dangeau, de l'établissement d'un couvent de Clarisses à Decize, dont la fondation était due à Bonne d'Artois, comtesse de Nevers. Le 4 octobre 1419, il en fit la dédicace et y plaça pour première supérieure sainte Colette, dont les éminentes vertus mirent en peu de temps cette maison en haute réputation.

La peste ayant à cette époque dévasté la ville de Nevers, Robert ordonna des prières publiques pour obtenir la cessation du fléau. Aucun autre fait important ne signala l'épiscopat de ce prélat qui, après avoir fait beaucoup de bien à son diocèse et laissé diverses sommes pour des messes qui devaient être célébrées à son intention, mourut à Nevers le samedi 22 juillet 1430. Il fut inhumé le 13 août, à la cathédrale, à droite du grand autel, dans le chœur, entre deux piliers. Robert de Dangeau avait fondé son anniversaire dans la cathédrale de Paris, et l'obituaire de cette église le mentionne au 26 juillet. Il est aussi cité également à la date du 24 novembre dans le Nécrologe de l'abbaye de Sainte-Geneviève. Ce jour était celui du décès de son frère Milon, qui, ainsi que lui, avait fait divers legs à la chevecerie de ce monastère.

Il portait : *palé d'or et d'azur, au chef cousu de gueules chargé d'une rose d'argent.*

81. — JEAN V GERMAIN (1430-1436).

A la mort de Robert de Dangeau, les chanoines de Saint-Cyr se réunirent le 22 septembre 1430, pour lui donner un successeur, et fixèrent leurs suffrages sur Pierre de Pougues. Cette élection resta sans effet, et le pape Martin V, se réservant de pourvoir à l'évêché, nomma le 15 décembre suivant Jean Germain, prêtre séculier, doyen de la Sainte-Chapelle de Dijon et docteur en théologie.

Jean Germain, fils de Jacques et d'Odette, naquit, suivant Moréri, dans la rue d'Avril, paroisse Saint-Maïeul, à Cluny ; mais Gui Coquille prétend qu'il prit naissance au village de Villai, de parents d'une condition servile, domiciliés dans la seigneurie de La Pierre ou de La Perrière, mouvant en fief du comté de Nevers, à cause de Luzy. On raconte qu'un jour de dimanche, ayant, dans l'église de Cluny, présenté l'eau bénite à Marguerite de Nevers, duchesse de Bourgogne, cette princesse fut si frappée de sa grâce et de sa gentillesse, qu'elle le prit sous sa protection et l'envoya à ses frais faire ses études à Paris.

Ayant pris ses grades dans l'Université avec le plus grand succès, Jean revint dans son pays natal, et fut présenté à Philippe le Bon, duc de Bourgogne, qui, appréciant ses vertus et son rare mérite, se l'attacha d'abord comme conseiller, le fit ensuite doyen de la Sainte-Chapelle de Dijon, le recommanda au Souverain-Pontife pour l'évêché de Nevers, et enfin le nomma chancelier de son ordre de la Toison d'Or qu'il venait de créer à Bruges, et à ce titre, il reçut, en janvier 1431, une somme de 150 francs pour ses appointements. Le sacre de Jean Germain n'eut lieu qu'à la fin de 1432, car on trouve que le duc lui fit compter le 31 décembre de cette année, une somme de 275 livres pour subvenir aux frais de cette cérémonie. Du reste, depuis le 1er février 1431 jusqu'au 2 octobre 1433, le prélat obtint trois fois un délai pour sa prestation de serment au roi.

En 1433, le duc Philippe le Bon le délégua pour parler en son nom au concile de Bâle. Jean Germain arriva dans cette ville le 16 mars 1434. Les princes et les électeurs de l'Empire, s'appuyant sur les dispositions de la Bulle d'or, prétendaient avoir le premier rang après les têtes couronnées. Jean Germain, au contraire, soutint que le duc de Bourgogne, six fois duc, quinze fois comte, doyen des pairs de France, seigneur souverain des pays de Bourgogne qui avaient eu autrefois le titre de royaume, devait siéger avant tous les autres princes. Il parla avec tant d'éloquence dans la session du 26 juin, qu'il gagna l'assemblée. Le concile décida que le duc de Bourgogne, comme premier prince chrétien, prendrait le premier rang après les rois et le rang immédiatement au-dessus des électeurs d'Allemagne, place qu'occupa l'évêque de Nevers comme représentant du duc. Jean Germain, en sa qualité de député du concile, souscrivit le 5 novembre 1435 au célèbre traité d'Arras qui réconciliait le roi Charles VII et le duc Philippe le Bon.

Par un bref daté de Bologne le 20 août 1436, le pape Eugène IV transféra Jean Germain à l'évêché de Châlon-sur-Saône. Ce prélat fit son entrée dans cette ville le 26 octobre suivant. Sur l'invitation du Souverain-Pontife qui lui adressa de Ferrare un bref daté du 18 février 1437, Jean Germain se rendit au concile général réuni en cette ville, et, à son retour, fit terminer les voûtes en pierre de la cathédrale de Saint-Vincent. Il dédia le dimanche 18 août 1448 l'église de Sainte-Madeleine, à Tournus, et la même année, celle de Sainte-Marie, au faubourg de Châlon.

Il fit décréter par le chapitre qu'une procession générale aurait lieu tous les ans le 12 août en mémoire de la réduction de la Normandie, et, par des lettres données à Maillezais le 31 août 1450, Charles VII confirma cette décision capitulaire. Le mardi 17 novembre suivant, Jean Germain signa l'acte de fondation de la chapelle de Notre-Dame-de-Pitié dans sa cathédrale, et le communiqua au chapitre en présence de Quentin Ménard, archevêque de Besançon, et de Guillaume Fillâtre, évêque de Verdun. Dans cet acte, Jean Germain affirme positivement qu'il est né à Cluny et prend les titres de maitre-ès-arts, de professeur en théologie, d'évêque de Châlon par la grâce de Dieu et du Saint-Siége Apostolique, et de conseiller du duc de Bourgogne.

Jean Germain obtint le 17 février 1451 de Charles, comte de Nevers, une charte qui confirmait l'affranchissement prononcé autrefois en faveur de Jacques, son père. En 1452, il bénit la première pierre du magnifique couvent de Franciscains que le duc Philippe le Bon fit élever à Châlon, et où vint faire profession et mourir Jean de Portugal. Le mercredi 13 août 1460, il fit au château de Champforgueil son testament par lequel il légua à son Église deux cents francs pour la construction d'une bibliothèque où devaient être déposés ses ouvrages, et autant à l'église des Carmes de Dijon pour en achever le cloître. C'est dans ce couvent que son père, mort en 1424, avait été inhumé, et c'était à ses frais que la construction de la nef de cette église avait été faite, ainsi que celle de la bibliothèque et de la salle capitulaire.

Jean Germain mourut le lundi 2 février 1461 au château de la Salle, en son diocèse, et fut enterré dans sa cathédrale auprès de la porte du cloître, du côté de sa chapelle de Notre-Dame-de-Pitié.

Il a laissé plusieurs ouvrages manuscrits, savoir : 1° Deux livres sur la Conception immaculée de la Vierge Marie, dédiés au duc Philippe le Bon; — 2° Cinq livres contre les Mahométans et les infidèles, contre le Coran; — 3° Un livre contre l'hérésie d'Augustin de Rome; — 4° Des Commentaires sur les quatre livres des Sentences.

En 1562, les Huguenots brisèrent le tombeau de ce prélat, et sa statue qui le surmontait.

82. — JEAN VI VIVIEN (1436-1446).

Né à Auxerre, de Gaucher, conseiller du roi, qui reçut en janvier 1374 des lettres de noblesse, frère cadet de Jean, doyen de Saint-Germain-l'Auxerrois à Paris, il fut en 1421 pourvu d'un canonicat dans l'église cathédrale d'Auxerre et devint aussi chanoine de Saint-Germain-l'Auxerrois et de Notre-Dame de Paris. Nommé cinq ans après, pour succéder à Pierre des Essarts sur le siége épiscopal de la première de ces églises, il dut céder cette dignité à Jean de Corbie.

Il était archidiacre de Beaune dans l'église d'Autun, lorsque, par un bref du 30 août 1436, le pape Eugène IV lui donna l'évêché de Nevers. La prébende qu'il quittait dans la cathédrale de Paris fut aussitôt donnée à Guillaume Chartier qui devint, en 1447, évêque de ce diocèse. Les registres du Vatican le mentionnent encore comme évêque élu à la date du 2 octobre suivant. Il se trouva avec son prédécesseur Jean Germain, en 1438, au concile de Florence, et demeura dans cette ville jusqu'au lundi 6 juillet 1439. En 1444, Jean confirma la fondation du chapitre de Notre-Dame-de-Ternant, faite par Philippe de Ternant, chambellan du duc de Bourgogne.

Il mourut au mois de juin 1445, et on célébrait pour lui un anniversaire le 9 novembre, date de son sacre.

Jean Vivien portait pour armoiries : *d'azur, flanché d'argent, au sautoir engrêlé de gueules, accompagné en chef et en pointe de deux tours d'or, et en flanc de deux lions affrontés de sable.*

83. — JEAN VII D'ÉTAMPES (1445-1461).

Fils de Robert d'Étampes, conseiller de Jean, duc de Berri, et de Jacquette Roland, il eut pour frères Jean d'Étampes, évêque de Carcassonne, et Guillaume d'Étampes, évêque de Condom. Lorsque le chapitre assemblé, se conformant à la Pragmatique-Sanction établie par le concile de Bâle, l'élut au siége épiscopal de Nevers, Jean était trésorier de la cathédrale, grand-chantre de Bourges, chanoine de Chartres, conseiller du roi, du duc de Berri, et maître des requêtes. Son élection fut confirmée par Louis de Melun, archevêque de Sens ; mais, par une bulle du 8 octobre 1445, le pape Eugène IV nomma de son côté, en vertu de réserves, Jean Tronçon, confesseur de Charles de Bourgogne, comte de Nevers, et archidiacre de Bruxelles dans l'Église de Cambrai. Ce conflit amena les plus graves désordres dans le diocèse. Jean Tronçon avait la protection du Souverain-Pontife, du comte de Nevers et du duc de Bourgogne. Jean d'Étampes, appuyé du roi Charles VII, se fit sacrer à Sens, le 20 novembre 1445, par Louis de Melun, son métropolitain, prêta serment au roi à Chinon le 12 décembre suivant, et fit son entrée solennelle à Nevers le 29 mai 1446.

Les deux prélats rivaux eurent mutuellement recours à l'excommunication, et il se forma dans Nevers et dans le diocèse deux partis qui en vinrent plus d'une fois à de sanglantes extrémités. Charles VII, regardant l'élection de Jean d'Étampes comme seule canonique, ordonna à la municipalité et au chapitre de publier en français la Pragmatique-Sanction, sans s'alarmer aucunement des censures pontificales; et, pour veiller à l'exécution de cette mesure, il envoya à Nevers Charles de Culant de Châteauneuf, son chambellan, capitaine de cent hommes d'armes : celui-ci emmena avec lui le maréchal de Jallognes, son frère, à qui s'étaient adjoints les baillis de Sens et de Bourges. Les principaux partisans de Jean Tronçon, bourgeois ou gentilshommes qui avaient dévasté plusieurs églises et incendié celles de Lurcy-le-Bourg et de Challement, furent cités devant le roi. Ils n'arrivèrent point toutefois jusqu'à lui, la plupart ayant été, chemin faisant, mis secrètement à mort, soit par la noyade, soit par la potence.

Resté seul maître du siége, Jean d'Étampes est mentionné pour la première fois dans les registres du Vatican à la date du 16 février 1448. Jean, son frère, évêque de Carcassonne, le nomma le 22 janvier 1455 l'un de ses exécuteurs testamentaires. Les deux autres étaient ses frères Guillaume, évêque de Condom, et Robert, chevalier. En cette qualité, il reçut de Charles VII, le 4 février 1457, une somme de 600 livres tournois pour la pension annuelle que ce monarque avait en 1451 accordée à l'évêque de Carcassonne, surintendant de ses finances.

Jean d'Étampes donna en 1458 à Robert, son frère, la baronnie de Druy, mouvant de son évêché, assista le mardi 3 mars 1460 au concile provincial de Sens, résigna en 1461 son siége à Pierre de Fontenay, son neveu, et mourut le vendredi 24 décembre 1461. Sa dépouille mortelle fut déposée auprès de celle de Jean, évêque de Carcassonne, mort à Nevers le 25 janvier 1455, et inhumé dans la chapelle de Sainte-Catherine que tous deux avaient fondée dans la cathédrale de Saint-Cyr.

Il avait pour armoiries : *d'azur, à deux girons d'or, au chef d'argent, chargé de trois couronnes ducales de gueules.*

84. — PIERRE VI DE FONTENAY (1461-1499).

Il était fils de Gui, baron de Fontenay, seigneur de La Touren-Woëvre, dans le pays Messin, et de Jeanne d'Étampes, sœur du précédent évêque de Nevers. Né en 1433, il devint successivement prieur de Lurcy-le-Bourg, abbé de Bellevaux au diocèse de Nevers, chanoine et grand-chantre de Bourges, trésorier de l'Eglise de Nevers, et curé de la paroisse de Saint-Paul à Paris.

L'évêché de Nevers lui ayant été dévolu le 23 septembre 1461 par suite de la démission de son oncle, Pierre fit son entrée dans sa ville épiscopale le 4 avril 1462. En 1467, il assista avec le comte de Nevers aux États généraux du royaume tenus à Tours. C'est à lui que le roi Louis XI fit demander la soutane que portait, avant de mourir, le bienheureux Nicolas Appleine, mort en 1466 en odeur de sainteté, chanoine de la collégiale de Prémery. Pierre de Fontenay la lui adressa par la sœur même du défunt, au château de Plessis-les-Tours, mais les habitants de Prémery ayant osé faire demander au roi par cette femme une exemption de tailles pendant douze années pour l'abandon de cette précieuse relique, Louis XI, désenchanté, leur renvoya sur-le-champ *la robe du bon saint homme Nicolas*, avec une lettre datée du 17 mars 1482, adressée à cet égard à Pierre de Fontenay, et que l'on a conservée jusqu'en 1789 dans le trésor de la collégiale de Prémery. Pierre érigea une confrérie en l'honneur du bienheureux Nicolas.

Il avait assisté le 18 juin 1478, à Paris, à une procession de la châsse de sainte Geneviève, et tenu la place de Jean Bouvier, abbé de ce monastère, alors malade. Il se trouva également, en août 1485, au concile provincial de Sens, et fit en 1490 élever, dans sa cathédrale, le portail de Loire, précédé d'un narthex ouvert, et une chapelle qui a conservé son nom et dans laquelle il fonda plusieurs messes.

Cette même année, il fit imprimer à Paris un *Missel* à l'usage du diocèse de Nevers, et en 1499 un *Bréviaire nivernais*, le premier qui ait été rédigé par les évêques de ce diocèse. Pierre de Fontenay fit un testament qui constituait pour son héritier Guillaume de Fontenay, seigneur de La Tour, son frère. Il légua aux évêques ses successeurs une maison qu'il possédait à Paris, rue des Amandiers, dans l'ancien cloître de Sainte-Geneviève, et mourut le lundi 3 juin 1499. On l'inhuma dans la chapelle qu'il avait fait construire en sa cathédrale, et on l'y voit encore représenté à genoux en habits pontificaux. Sa statue est malheureusement mutilée.

Pierre de Fontenay portait pour armoiries : *palé argent et azur de six pièces, au chevron de gueules, brochant sur le tout.* Nous ferons remarquer que les armes des seigneurs de La

Tour-en-Woëvre, sont : *de gueules à cinq léopards, allants et rencontrants d'or.*

FERNAND ou plutôt FERDINAND D'ALMEIDA. Deuxième fils de Loup d'Almeida, premier comte d'Abrantès, chef du conseil des finances du roi de Portugal, Alfonse V, et de Béatrix da Silva, première dame d'atours de la reine Jeanne de Castille, il était évêque de Ceuta en Afrique, lorsque, sur la recommandation de Louis XII, roi de France, le pape Alexandre VI le pourvut de l'évêché de Nevers. Ce prince voulait ainsi récompenser le service que Fernand lui avait rendu auprès du Souverain-Pontife dans la négociation de la nullité de son mariage avec Jeanne de Valois, fille de Louis XI. Fernand mourut au mois de janvier 1500, sans avoir été confirmé dans cette nomination.

Il avait pour armoiries : *Ecartelé, au 1er et au 4e d'or, à six billettes percées de gueules*, 2, 2 et 2, *au 2e et au 3e d'argent, au sautoir de gueules*, *chargé de cinq petits écussons d'or.*

85. — PHILIPPE II DE CLÈVES (1500-1503).

Fils de Jean, duc de Clèves, mort le 5 septembre 1481, et d'Élisabeth de Bourgogne, frère d'Engelbert, comte de Nevers et cousin-germain du roi Louis XII dont sa mère était la tante, Philippe n'eut pas de peine à obtenir de bonne heure d'importants bénéfices ecclésiastiques.

Pourvu de l'abbaye de Saint-Martin de Nevers, et de celle de Saint-Wandrille au diocèse de Rouen, Philippe fut nommé le 24 janvier 1500 à l'évêché de Nevers pour lequel il prêta serment au roi à Lyon le 12 août de la même année.

Pierre Versé, évêque d'Amiens, étant mort, le chapitre de cette Église demanda pour prélat, le 2 avril 1501, Philippe de Clèves, et suivant le registre des délibérations capitulaires, Louis XII avait envoyé à Amiens, pour faire appuyer cette demande, Robert Thiboust et Guillaume l'Arbalète, présidents au parlement de Paris. Alexandre VI accorda au chapitre la translation de Philippe de Clèves le 14 juin 1501, et ce prélat prit possession de son nouveau siége par procureur le 19 octobre suivant. Il ne vint jamais à Amiens; mais fit son entrée solennelle à Nevers le 20 novembre 1502.

Le 9 août 1503, après la démission de Louis d'Amboise, Philippe fut appelé au siége d'Autun; mais il ne jouit pas longtemps de sa nouvelle Église, car il mourut le 5 mars 1505, à l'âge de 36 ans. On trouve dans les registres de la Chambre des Comptes de Dijon la note suivante écrite en français à la date du 4 avril 1505 : « La Chambre ayant eu avis du deces de messire *Othes de Clèves*, évesque d'Autun. » Philippe mourut le 5 mars, mais il est probable que les magistrats de la Chambre des Comptes n'apprirent sa mort qu'un mois après. Nous ignorons aussi pourquoi Philippe est mentionné ici sous le nom d'*Othon*.

Philippe de Clèves avait pour armoiries : *de gueules, au rais d'escarboucle, pommetté et fleurdelisé d'or, de huit pièces, enté en cœur d'argent, à l'escarboucle de sinople.*

86. — ANTOINE DE FEURS (1505-1507).

Issu d'une ancienne famille qui, dès 1185, possédait la terre de Panissières, près de Tarare, et dont plusieurs membres paraissent parmi les premiers conseillers de la commune de Lyon, Antoine était le troisième fils de Jean de Feurs, seigneur d'Estours en Mâconnais, et d'Antoinette de Sachins, qu'il avait épousée le 19 juillet 1466. Son mérite dut être fort grand, si l'on en juge par les diverses charges dont il fut successivement pourvu. Antoine fut en effet protonotaire apostolique, prieur d'Irigny, abbé de Saint-Léonard de Ferrières, conseiller au parlement de Paris le 8 janvier 1494, président de la Chambre des enquêtes au même parlement le 4 septembre 1503, grand-archidiacre de Nantes et doyen des chanoines-comtes de Lyon en 1499.

Il fut enfin élu évêque de Nevers le 31 mai 1505, prêta serment au roi à Blois, le 8 février 1506, et mourut le dimanche 12 septembre 1507.

Certains historiens prétendent qu'il ne fut jamais sacré et l'éliminent en conséquence du catalogue des évêques de Nevers. En le comptant, nous avons suivi l'opinion des Bénédictins, auteurs de la *Gallia christiana nova.*

Antoine de Feurs portait pour armoiries : *losangé d'or et de sable.*

87. — JEAN VIII BOHIER (1507-1512).

Il naquit à Issoire d'Austremoine Bohier, seigneur de Saint-Cyr, et de Béraulde ou Anne Du Prat, tante du cardinal de ce nom, chancelier de France. Son frère Antoine, fut archevêque de

Bourges en 1515, cardinal-prêtre du titre de Saint-Anastase en 1517 et mourut à Blois le 27 novembre 1519.

Lorsqu'il fut élu en 1507 à l'évêché de Nevers, Jean était chanoine de Clermont, et possédait un canonicat et la grande chantrerie dans l'Église de Paris. Il était en outre président de la Chambre des enquêtes au parlement de Paris. Il prêta serment entre les mains du roi le 24 avril 1508 et la prébende dont il était titulaire à Notre-Dame de Paris fut donnée le 31 juillet suivant à Imbert de La Platière, doyen de Nevers.

Après avoir pris possession du siége le 29 octobre de cette année, Jean fit aussitôt continuer la tour de la cathédrale qui, avant lui, atteignait à peine l'entablement de l'église. Il assista au concile ouvert à Tours par ordre du roi le lundi 16 septembre 1510, s'occupa à son retour de la restauration du château de Prémery, et mourut le vendredi 30 juillet 1512.

Jean Bohier portait pour armoiries : *d'or, au lion armé et lampassé d'azur, au chef de gueules.*

88. — IMBERT DE LA PLATIÈRE (1512-1519).

Il était fils de Philibert de La Platière, seigneur de Frasnay-les-Chanoines, troisième baronnie du duché de Nevers, et de Marie de Fontenay, sœur de l'évêque Pierre de Fontenay. Sa famille a fourni un maréchal de France; Imbert de La Platière, seigneur de Bourdillon, mort le 4 avril 1567. Prieur de Saint-Eloi de Paris, conseiller au parlement de cette ville, chanoine de Notre-Dame le 31 juillet 1508 comme successeur de Jean Bohier, Imbert joignait à toutes ces dignités celle de doyen de la cathédrale de Nevers qu'il possédait depuis 1488.

Sacré le 9 janvier 1518 par Tristan de Salazar, archevêque de Sens, il prêta serment à Blois entre les mains du roi le 2 février suivant, et fit son entrée solennelle à Nevers le samedi 12 novembre de la même année.

Ce prélat, qui fut le dernier des évêques de Nevers élu par le chapitre en vertu de la Pragmatique-Sanction, dédia le 16 juillet 1514, sous l'invocation de saint Martin, l'église collégiale de Frasnay-les-Chanoines, fit imprimer en 1515, à Paris, un nouveau Missel de Nevers, et mourut à Paris le 11 février 1519. Son corps fut rapporté à Nevers et déposé à la cathédrale dans la chapelle de Notre-Dame-de-Grâce où il avait fondé plusieurs messes. Son anniversaire devait se faire au chœur.

Il portait pour armoiries : *d'argent, au chevron de gueules accompagné de trois* I *gothiques de sable, deux en chef et un en pointe.*

89. — JACQUES Ier D'ALBRET-ORVAL (1515-1540).

Fils naturel de Jean d'Albret, sire d'Orval, comte de Dreux et de Réthel, gouverneur de Champagne, et par conséquent frère de Marie d'Albret, duchesse de Nevers, Jacques possédait en commende les abbayes de Noirlac au diocèse de Bourges, et de Saint-Bâle au diocèse de Reims, et, par bulles données à Rome le 28 février 1504, avait été institué doyen de Châlons-sur-Marne.

Après lui avoir donné des lettres de légitimation, le roi François Ier, en vertu du concordat du 19 décembre 1515, le nomma à l'évêché de Nevers le 13 mars 1519. Jacques prêta serment de fidélité le 29 avril suivant, mais il ne fit son entrée à Nevers que l'année suivante.

Il assista au concile provincial de Sens tenu à Paris du 3 février au 9 octobre 1528, et fit achever cette même année la tour de la cathédrale commencée sous l'épiscopat de Jean Bohier. En 1531, il appela à Nevers les religieux de Saint-Victor pour introduire la réforme dans l'abbaye de Saint-Martin, et fit, en 1534, imprimer un *Missel,* un *Bréviaire* et un *Processionnal* à l'usage du diocèse. Jacques d'Albret mourut à Saint-Amand en Berri le mardi 22 avril 1539, ou selon Moreri, le dimanche 22 février 1540, date qui nous semble préférable, puisqu'il fut inhumé dans le chœur de sa cathédrale, à droite du lutrin, le dimanche 7 mars. Sa sœur, Marie d'Albret, duchesse de Nevers, prit soin de la translation de son corps à Nevers et de ses funérailles.

Il portait pour armoiries avant sa légitimation : *de gueules, à la bordure grêlée d'argent, au bâton de sable péri en barre* comme brisure ; mais depuis et pendant son épiscopat, il eut pour armes : *écartelé, au 1er et au 4e d'azur, à trois fleurs de lis d'or,* qui est de France, *et au 2e et au 3e, de gueules, à la bordure engrêlée d'argent,* qui est d'Albret.

90. — CHARLES II, CARDINAL DE BOURBON (1540-1546).

Il naquit le 22 décembre 1523, au château de La Ferté-sous-Jouarre, du mariage de Charles de Bourbon, duc de Vendôme, avec Françoise d'Alençon, fille de René, duc d'Alençon, et de Marguerite de Lorraine. Baptisé le jour même de sa naissance, Charles eut pour parrain son frère aîné, Antoine de Bourbon, qui devint père de Henri IV. Destiné par sa famille à l'Église, il reçut au château de La Fère, en Picardie, les premiers éléments des lettres, vint ensuite à Paris continuer ses études au collége de Navarre avec son cousin Charles de Lorraine, depuis archevêque de Reims et cardinal, et ne tarda point à être pourvu de nombreux bénéfices ecclésiastiques.

Dès 1540, Charles de Bourbon, administrateur du diocèse de Nevers, fut nommé le 5 juillet de cette même année, évêque de cette Église, et comme il n'avait que seize ans environ, il eut besoin d'une dispense que l'illustration de sa naissance lui fit facilement accorder. L'évêché de Saintes lui fut donné en 1544, et, le 27 juillet 1547, le pape Paul III le créa cardinal en lui assignant pour titre celui de Saint-Sixte. Le nouveau prince de l'Église reçut la barrette des mains de Henri II, au château de Compiègne. Son oncle, le cardinal de Bourbon vivant encore, Charles se fit appeler le cardinal de Vendôme.

Après la mort du cardinal Georges d'Amboise, arrivée le 26 août 1550, le roi Henri II le nomma à l'archevêché de Rouen dont le pape Jules III lui fit expédier les bulles dans le consistoire du 20 septembre de cette année. Le cardinal de Vendôme, prit deux fois par procureur possession de cette Église, la première, le 3 octobre 1550, représenté par René Desbuas, chanoine de la cathédrale, conseiller-clerc au parlement de Normandie, et la seconde, le 18 novembre suivant, par Michel le Bret, chanoine et trésorier de l'église métropolitaine. Il fit en personne son entrée solennelle à Rouen le 11 avril 1551, accompagné de Charles d'Humières, évêque de Bayeux, dont il reçut ce jour là le serment d'obédience; de Gabriel le Veneur de Tillières, évêque d'Evreux ; de Pierre Duval, évêque de Séez, tous, ses suffragants, et d'un grand nombre de personnes de distinction. L'on rapporte qu'à l'aspect des dorures et des embellissements extérieurs de la cathédrale, il dit alors que si son prédécesseur, le cardinal d'Amboise en avait orné le dehors, il mettrait tous ses soins à en dorer l'intérieur. Mais les malheurs de cette époque l'empêchèrent de réaliser ses désirs

Le cardinal de Vendôme assista en mai 1555 au conclave qui plaça Paul IV sur la chaire de saint Pierre, et son oncle archevêque de Sens étant mort le 17 mars de l'année suivante, il ne se fit plus désormais appeler que le cardinal de Bourbon. Le 24 avril 1558, il célébra dans l'église de Notre-Dame de Paris le mariage du dauphin François avec Marie Stuart, reine d'Ecosse. L'année suivante, il échangea son titre cardinalice de Saint-Sixte, contre celui de Saint-Chrysogone que laissait vacant la mort du cardinal de Meudon, archevêque de Toulouse, arrivée le 29 septembre 1559.

Nommé gouverneur de Paris le 22 avril de cette même année, il y célébra le 27 juin le mariage d'Isabelle, fille aînée du roi Henri II, avec Philippe II, roi d'Espagne, représenté par Fernando Alvarez de Toledo, duc d'Albe. Peu après il fut chargé d'accompagner cette princesse jusqu'à la frontière, et de Paris à Roncevaux les aumônes considérables qu'il répandit firent bénir son nom par le peuple. A son retour, il assista aux États généraux tenus à Orléans en décembre 1560 par le roi Charles IX, et l'année suivante au fameux colloque de Poissy.

Nous ne raconterons point ici les désastres que Rouen et la plupart des villes de France eurent à subir à cette époque de la part des Calvinistes. Il nous suffira de dire que ces hérétiques profanèrent toutes les églises du diocèse, les dépouillèrent de leurs richesses, violèrent les tombeaux qu'elles renfermaient, brûlèrent les châsses des saints, les livres, les ornements sacrés et commirent enfin des excès que la plume n'ose pas retracer. L'ordre ne fut rétabli qu'après la prise de Rouen par l'armée royale le 26 octobre 1562. L'office divin fut célébré de nouveau dans le diocèse.

Ce fut dans cet intervalle que Charles de Bourbon fut nommé par Pie IV légat de Viterbe et du patrimoine de Saint-Pierre. En 1566, il se trouva à l'assemblée de Moulins. Sur la présentation de Charles IX, Pie V le nomma évêque de Beauvais par bulles datées du 24 août 1569 : en lui envoyant ses provisions, le Souverain-Pontife déclarait qu'il l'avait nommé comme un sujet digne d'être substitué à Odet de Coligny, autrefois cardinal de Châtillon, privé de l'évêché pour ses démérites, et que par une faveur spéciale, il lui permettait de conserver avec son évêché, non-seulement l'archevêché de Rouen, mais encore tous les bénéfices qu'il avait en commende, et la liste en était longue.

Nous citerons, entre autres, les abbayes de Jumièges, Saint-Wandrille, Saint-Germain-des-Prés, Corbie, Vendôme, Saint-Lucien de Beauvais, Saint-Michel-en-l'Erm, Saint-Germer, les Châtelliers, Froidmont, Saint-Étienne de Dijon, Montebourg,

Valmont, Signy, Ourscamp, Perseigne, etc. Il est à regretter que les rois de cette époque n'aient pas mieux compris que le meilleur moyen d'imposer silence aux prédicants de la réforme, était de proscrire cette scandaleuse multiplicité de bénéfices, conformément à la volonté expresse de l'Église qui avait aussi ses lois contre le cumul; mais, loin d'appuyer de leur autorité ces lois conservatrices, ils mettaient le législateur lui-même dans la nécessité d'en dispenser en maintes circonstances. Comme si le cardinal de Bourbon n'eut point été assez largement pourvu, il fallut encore que le Souverain-Pontife lui accordât la légation d'Avignon. Louis de Mainteterne, abbé de Notre-Dame de Chatrices, au diocèse de Châlons, prit en son nom possession du siége de Beauvais le 30 octobre 1569. Les catholiques avaient encore les armes à la main pour se défendre contre les huguenots qui leur faisaient une guerre opiniâtre, et le cardinal de Bourbon ne voulait point paraître en son diocèse avant la fin de la lutte. D'ailleurs, les besoins de l'État le retenaient à Paris ou du moins auprès du roi. Le 26 novembre 1570, il célébra à Mézières le mariage de Charles IX et d'Elisabeth d'Autriche, qu'il couronna solennellement reine de France à Saint-Denys le 25 mars 1571.

Le cardinal de Bourbon fit son entrée à Beauvais le 24 mai 1572, veille de la Pentecôte, et son arrivée répandit un tel découragement parmi les calvinistes qu'ils se hâtèrent de déserter la ville. Du reste, le diocèse de Beauvais resta pur des massacres qui, trois mois après, vinrent plonger la France dans le deuil. Ce fut sous son épiscopat et le 30 avril 1573 qu'eut lieu avec un fracas épouvantable la chute du clocher dont la cathédrale de Beauvais s'enorgueillissait à juste titre; le cardinal de Bourbon contribua largement à réparer ce désastre. Deux ans après, comme la résidence en ce diocèse était pour lui aussi difficile que dangereuse, il prit le parti de déposer un fardeau qu'il ne pouvait plus porter et permuta avec Nicolas Fumée son évêché de Beauvais pour l'abbaye de La Couture, au diocèse du Mans, dont celui-ci était titulaire.

Dès les commencements de son pontificat à Rouen, Charles de Bourbon avait pris toutes les mesures nécessaires pour préserver son diocèse du poison de l'hérésie. Pasteur vigilant, il mit son troupeau à l'abri des erreurs en redoublant de zèle pour combattre les prédicants. C'est dans l'intention d'arrêter leurs progrès qu'il introduisit à Rouen les Pères de la Compagnie de Jésus qui y établirent un collége bientôt fréquenté par les enfants de la noblesse et de la bourgeoisie. Un dimanche, c'était le 17 juillet 1576, suivant de Thou, il apprit que nonobstant sa vigilance, les hérétiques tenaient près des Célestins un prêche auquel s'étaient rendus aussi quelques catholiques séduits par l'esprit de nouveauté. Le cardinal quitte, à sept heures du matin, l'hôtel abbatial de Saint-Ouen où il demeurait alors, et accompagné de Claude de Sainctes, évêque d'Evreux, et de quatre chanoines, il se rend droit au prêche où il entre précédé de la croix archiépiscopale. Le ministre calviniste était en chaire, mais à l'aspect du cardinal et de sa suite, il s'empresse de s'enfuir, et engage ses coreligionnaires à suivre son exemple. D'un geste, le prélat rassure tout le monde, et sans perdre de temps, prend dans la chaire la place du ministre prédicant et démontre jusqu'à l'évidence à l'auditoire combien c'était une grande imprudence et un déplorable aveuglement de prêter l'oreille aux discours d'un prédicateur sans mission, sans autorité; qu'il ne pouvait y avoir dans le diocèse de Rouen qu'un pasteur et qu'une chaire légitime, que ce titre et cette chaire lui appartenaient à l'exclusion de tout autre, puisqu'il était le véritable successeur de saint Nicaise et de saint Mellon, envoyés par les successeurs de saint Pierre pour fonder l'Eglise de Rouen, et qu'enfin l'Eglise catholique, dont leurs pères reconnaissaient depuis quinze siècles l'autorité, était l'unique arche où ils pouvaient trouver le salut éternel.

Cette exhortation toucha les assistants qui, abandonnant le prêche, retournèrent paisiblement chez eux, et quelques-uns même abjurèrent l'hérésie entre les mains du cardinal-archevêque.

Charles de Bourbon fut le premier prélat, nommé le 31 décembre 1579 commandeur de l'ordre du Saint-Esprit, que venait de créer Henri III. Cette année, et la suivante, il présida à Melun les assemblées du clergé de France. Le 15 avril 1581, le pape Grégoire XIII lui adressa un bref apostolique pour l'exhorter à convoquer au plus tôt un concile provincial où seraient adoptés les canons du saint concile général de Trente. En exécution de ce bref, le cardinal-archevêque, par ses lettres de Fontainebleau du 17 septembre suivant, ordonna qu'un concile provincial serait tenu en l'église métropolitaine de Rouen le premier dimanche de l'Avent 3 décembre. Sur ces entrefaites, il vint à tomber malade, et jugeant que sa présence était nécessaire à cette assemblée, il adressa à ses suffragants, aux abbés de la province et à son clergé, des lettres datées de Gaillon le 28 octobre, lesquelles fixaient au dimanche de l'octave de Pâques, 23 avril 1581, la tenue définitive de cette assemblée. Ce jour-là donc s'ouvrit sous sa présidence le concile provincial où l'on dressa douze décrets qui sont un abrégé de tout ce qui regarde le dogme et la discipline. On commença par une profession de foi, sur les articles du Symbole, l'authenticité de l'Ecriture sainte, les sept sacrements, le culte des saints, les indulgences, etc. On y traita ensuite du service divin, des devoirs des évêques et des chanoînes, de la visite des églises, des saints ordres, des provisions des bénéfices, des devoirs des curés, des ordres religieux, de la juridiction ecclésiastique. On renouvela enfin les statuts relatifs à l'administration des séminaires et des écoles. Ces douze décrets, imprimés en latin et en français, furent approuvés le 19 mars 1582, par Grégoire XIII.

Peu de temps avant la tenue de ce concile, Charles de Bourbon avait fait réimprimer le nouveau Bréviaire de l'Eglise et du diocèse de Rouen. Après un mûr examen, et avis de son chapitre, il y fit quelques changements qui le rendirent plus conforme au décret du concile de Trente. Et pour exciter ses chanoines à célébrer avec plus de zèle et de solennité le service divin, il leur donna les dîmes de toutes les terres défrichées ou à défricher dans la forêt de Lyons, lesquelles lui appartenaient à quelque titre que ce fût. Cette donation était faite tant pour l'augmentation des revenus de la mense capitulaire que pour la nourriture, l'entretien, l'instruction et l'éducation de quatre enfants de chœur, outre ceux qui existaient déjà.

Presque à cette même époque, le cardinal qui avait en 1580 fondé à Dieppe un couvent de Minimes, fit construire près de Gaillon, sous le titre de Notre-Dame de Bonne-Espérance, un monastère de l'Ordre des Chartreux, et approuva la fondation que Henri de Guise avait faite à Eu, d'un collége, dont la direction fut confiée aux Pères de la Compagnie de Jésus.

Lorsqu'en 1589, l'assassinat de Henri III eut fait disparaître avec le dernier des Valois, le dernier rejeton mâle de Philippe III, la couronne revenait de droit aux Bourbons. Mais aux yeux de la Ligue, l'orthodoxie était une condition rigoureusement nécessaire pour régner, et en conséquence, Mayenne, excluant Henri IV comme indigne, fit proclamer roi le cardinal de Bourbon sous le nom de Charles X par arrêt du parlement.

Dévoué aux prétentions de la maison de Lorraine, en croyant servir la cause de la foi catholique, trahissant ses propres intérêts et ceux du roi de Navarre son neveu, le vieux cardinal ceignit alors l'épée et la cuirasse; mais bientôt arrêté à Blois, il fut enfermé au château de Fontenay-le-Comte. C'est de là que ce roi des ligueurs écrivit deux mois avant sa mort à son neveu Henri IV une lettre dans laquelle il le reconnaissait comme son légitime souverain. Cette lettre n'ouvrit pas cependant les portes de sa prison, où tourmenté des douleurs de la pierre et d'une rétention d'urine, il mourut le 9 mai 1590 à l'âge de 67 ans.

Par un édit du 15 décembre 1589, le cardinal de Bourbon avait décidé que l'on cesserait, à partir du 1er janvier suivant, de frapper des *francs* et des *demi-francs* au nom de Henri III, et que l'on commencerait à fabriquer de la monnaie à son nom. Ces monnaies sont aujourd'hui fort recherchées des amateurs. Il existe plusieurs ouvrages consacrés à la défense des droits qu'il s'était arrogés. Le parlement de Paris qui, le 3 mai 1590, avait rendu un arrêt déclarant le cardinal de Bourbon *vrai et légitime roy de France,* ordonna le 3 septembre 1594, *que le nom d'un roy qu'ils appelèrent Charles X, supposé par la malice du temps au préjudice de la loi salique fondamentale du royaume,* fût effacé de tous les actes publics.

Le corps du cardinal de Bourbon fut transporté dans la Chartreuse de Gaillon, mais ses entrailles et son cœur furent inhumés dans l'église de Saint-Nicolas, au faubourg de Fontenay-le-Comte.

Il portait pour armoiries : *d'azur, à trois fleurs de lis d'or,* qui est de France, *à la bande de gueules.*

91. — JACQUES II PAUL SPIFAME (1548-1558).

Il naquit à Paris d'une famille originaire de Lucques en Italie, et était le cinquième fils de Jean, seigneur de Passy et de Bisseaux, secrétaire du roi, trésorier de l'extraordinaire des guerres, et de Jacquette Ruzé, sa femme, morte à Paris le 10 juillet 1525. C'était un homme de grand savoir, d'un esprit rare, mais inquiet, versatile, et enclin à l'intrigue. Avant d'embrasser l'état ecclésiastique, Jacques-Paul Spifame fut d'abord régent au collége du cardinal Le Moine, et l'on trouve des vers de sa composition à la tête d'un livre publié par Gérard Roussel, depuis évêque d'Oloron, sous le titre de : *Divi Severini Boetii*

Arithmetica, adjuncto commentario, Paris, 1521, in-fol. Il était procureur de la nation de France, et fut successivement recteur de l'Université de Paris le 10 octobre 1522, chancelier en 1533, conseiller au parlement dès 1522, président de la chambre des enquêtes en 1543, chanoine de Notre-Dame de Paris, doyen de Saint-Marcel (1541) et de Gassicourt; en 1531 premier abbé commendataire de Saint-Paul-sur-Vanne au diocèse de Sens, et enfin, en 1544, vicaire général de Charles, cardinal de Lorraine, archevêque de Reims.

Nommé par François Ier à l'évêché de Nevers, Jacques fut préconisé à Rome pour ce siége le 5 mai 1546; mais ne fit son entrée solennelle dans le diocèse que le 15 octobre 1548. Voyant qu'un grand nombre de fidèles se rendaient dans le diocèse d'Auxerre pour faire gras les samedis entre Noël et la Purification, il pensa qu'il serait sage, pour éviter cet abus, d'accorder au diocèse de Nevers une permission semblable, et c'est ce qu'il fit le 26 décembre 1551.

Jacques fut créé conseiller d'Etat le 14 octobre 1556 et assista aux Etats généraux tenus à Paris le 5 janvier 1557. Dès cette époque, il favorisait la prédication des doctrines de Calvin. On le vit le jour de Pâques, 10 avril 1558, en donnant la communion aux fidèles dans la cathédrale, prononcer ces paroles : *Reçois la figure du corps de Jésus-Christ*, au lieu de la formule ordinaire prescrite par le Rituel. « *Tu mens effrontément*, » s'écria le doyen du chapitre, François Bourgoing, ne pouvant contenir son indignation en entendant ce blasphême. Emporté par la colère, il appliqua ensuite un vigoureux soufflet sur les joues du prélat, et lui arrachant des mains le ciboire, continua à donner la communion en disant : *Reçois non la figure, mais le corps de Notre Seigneur Jésus-Christ.* Le scandale fut grand parmi les fidèles. A la faveur du tumulte provoqué par cette scène, Jacques sortit de l'église et peu de jours après, résigna son évêché à Gilles Spifame, son neveu, prêtre d'un esprit moins brillant, mais plus solide.

Jacques Spifame vivait depuis longtemps dans la plus grande intimité avec Catherine de Gasperne, veuve d'Etienne le Grêle, procureur au Châtelet, mort en 1539. Plus subjugué par sa passion que convaincu de la sagesse de la réforme, il alla, à sa persuasion, joindre Calvin à Genève en 1559 et prit alors le nom de *Passy*, terre dont son père était seigneur. Spifame, contre qui le parlement de Paris avait, le 16 juin 1559, décrété de prise de corps, se fit considérer dans Genève par ses manières, par son esprit et par son savoir. Il avait apporté des biens considérables dont il faisait un bon usage tant en donnant aux pauvres qu'en vivant en grand seigneur. Il reçut des lettres de bourgeoisie, et fut introduit dans les deux conseils qui administraient la ville, où on prenait volontiers son avis sur les matières d'état de quelque importance. Revêtu du caractère de ministre par Calvin lui-même, il fut nommé, en 1551, pasteur de l'église protestante d'Issoudun, mais nous ne pensons pas qu'il soit venu jamais en cette ville remplir ses fonctions. Le patriarche des réformés l'envoya à Orléans auprès du prince de Condé en qualité de ministre. Ce prince le députa à la diète de Francfort en novembre 1562, pour justifier les protestants qui avaient pris les armes, et s'étaient révoltés contre l'autorité royale, après avoir rejeté celle de l'Église. Pendant son séjour en Allemagne, Spifame fit voir à l'empereur Ferdinand quatre lettres de la reine-mère, Catherine de Médicis, afin de prouver que le prince de Condé n'avait entrepris la guerre que par ses ordres, pour défendre la cause du royaume et des protestants contre les violateurs des édits du roi : il demanda même et obtint qu'on insérât la copie de ces lettres dans les registres du conseil aulique, afin de constater cette vérité à la postérité la plus reculée. Il harangua avec force à la diète l'empereur Ferdinand, Maximilien, roi de Bohême, et tous les princes de l'Empire. Ses discours tendirent tous trois à les prier de prendre la défense d'un roi mineur, d'aider de leurs puissants secours le prince de Condé qui ne combattait que pour les intérêts du monarque, de rappeler les reîtres et les lansquenets et de mettre au ban de l'Empire le comte de Rockendolf et autres chefs qui les commandaient au service du roi de France. Ses harangues eurent un plein succès.

De retour à Genève, et ennuyé peut-être de sa vie privée, il aspira à rentrer en France et à y obtenir de la cour quelque emploi distingué. Ses vues se portèrent sur l'évêché de Toul en Lorraine, qu'il désirait, dit-il, posséder *pour le faire changer de religion*, mais l'amiral de Châtillon à qui il en écrivit en janvier 1566, et tout le parti protestant, traitèrent ce projet de chimère, et soupçonnèrent que Spifame préméditait quelque autre dessein.

Depuis les premiers temps de son arrivée à Genève, il s'était marié avec sa maîtresse dont il avait eu un garçon appelé André et une fille nommée Anne; mais un de ses neveux ayant contesté devant le parlement de Paris, la légitimité de la naissance de ces enfants, Jacques fit un faux acte de mariage, daté d'une époque de beaucoup antérieure, pour leur donner gain de cause. Sur ces entrefaites, Claude Servin, contrôleur dans la maison de la reine de Navarre, vint l'accuser de certaines malversations et en attendant, obtint d'être emprisonné avec lui le 11 mars 1566. Théodore de Bèze prit alors occasion de manifester le caractère et la conduite de Spifame, qui fut traduit à la barre du conseil de Genève, comme accusé d'avoir fabriqué un faux acte de mariage, muni de sceaux falsifiés, pour frustrer son neveu de son héritage en faveur de ses enfants adultérins. Le malheureux avoua le fait, et déclara aussi avoir fait un autre faux acte qu'il avait produit au consistoire de Genève. Ces faux actes furent, du reste, découverts dans ses papiers. Dès lors, on résolut de le punir d'un châtiment exemplaire : écartant le crime vrai ou supposé dont il était accusé, on le condamna à mort pour adultère; il eut en effet la tête tranchée le lundi 25 mars 1566. Jacques Spifame, selon un écrivain protestant, témoigna un grand repentir de ses fautes, et du haut de l'échafaud, adressa au peuple une touchante remontrance. Ne pourrait-on pas croire que ce repentir fut principalement d'avoir abandonné avec tant de scandale la religion catholique?

La harangue que Spifame adressa à l'Empereur se trouve au tome II des *Mémoires* de Castelnau, sous le nom de seigneur de Passy. On a de lui dans le 3e tome des *Mémoires* du prince de Condé une lettre qu'il publia en 1565, sous le titre de *Lettre adressée de Rome à la Reine*, et où, pour mieux se déguiser, il prend le nom de *Marco Bruccio*, et enfin un *Discours* sur le congé obtenu par le cardinal de Lorraine de faire porter armes défensives à ses gens, Paris, 1565, in-4°.

Il portait pour armoiries : *de gueules, à l'aigle d'argent.*

92. — GILLES IV SPIFAME (1559-1578).

Fils de Gaillard Spifame, trésorier général de France, et d'Anne de Marle, morte à Paris à l'âge de 28 ans, le 9 juin 1529, Gilles, avant sa promotion à l'épiscopat par suite de la résignation de Jacques, son oncle, était chanoine et official de Nevers avec le titre de vicaire général, doyen de Saint-Marcel de Paris, prévôt de Chablis au diocèse de Langres, abbé de Saint-Paul-sur-Vanne, et doyen de Sens.

Préconisé à Rome le 27 janvier 1559, Gilles ne fit son entrée solennelle à Nevers que le 1er janvier 1561. Il est même présumable que Gilles s'était démis de l'évêché peu après sa confirmation par le Souverain-Pontife, puisque Charles Chantereau, religieux augustin fut préconisé pour le siége de Nevers dans le consistoire du 24 avril 1559, et qu'il avait écrit le 8 mars précédent à ce sujet à Marguerite de Bourbon, duchesse de Nevers. Quoi qu'il en soit, Gilles, loin de partager les erreurs de son oncle, mit tout en œuvre, pour arrêter, dès son arrivée, les progrès de l'hérésie dans son diocèse. Il ordonna même une procession générale et des prières pour demander à Dieu la grâce de préserver son troupeau des opinions nouvelles, et officia pontificalement à cette procession qui eut lieu le 10 mai 1561.

Après avoir assisté en 1563 aux dernières sessions du concile de Trente, ce prélat de retour à Nevers bénit le 18 novembre 1564 Françoise de Fontenay, abbesse de Notre-Dame, et fit brûler publiquement en 1566 trois tonnes remplies de livres suspects envoyés de Genève et que les protestants avaient furtivement introduits dans Nevers. En 1572, il permit aux Pères de la Compagnie de Jésus de s'établir dans sa ville épiscopale, et mourut à Paris le lundi 7 avril 1578. Son corps ramené à Nevers fut inhumé dans le chœur de sa cathédrale, à droite du grand autel, et son cœur déposé dans l'église des Grands-Augustins, à Paris.

Comme son oncle, Gilles Spifame portait pour armoiries : *de gueules, à l'aigle d'argent.*

93. — ARNAUD SORBIN DE SAINTE-FOI (1578-1606).

Né de parents pauvres, en 1532, à Montech, diocèse de Montauban, l'homme qui devait diriger la conscience des rois et influer si puissamment sur les événements de son temps, eut l'enfance la plus humble et les commencements les plus laborieux. Jaloux surtout d'apprendre à lire, l'enfant montrait aux âmes charitables un alphabet en les priant de l'initier à la connaissance des lettres. Il se rendait à pied dans la ville de Montauban pour y suivre les cours ouverts gratuitement à son activité intellectuelle.

Cet intrépide amour de la science, cette insatiable curiosité d'esprit que Sorbin partagea avec tous les grands penseurs du

XVIe siècle, conduisirent l'étudiant de Montech à venir compléter ses études à Toulouse, et le décidèrent à entrer dans les ordres où, de tout temps, les plébéiens ont trouvé une voie facile pour parvenir aux premières dignités de l'État et de l'Église. C'est dans cette ville qu'il reçut le bonnet de docteur en théologie. Le cardinal Antoine Sanguin de Meudon, archevêque de Toulouse, instruit de son mérite, lui donna en 1557 la cure de Sainte-Foi-Peyrolières dont Arnaud, par reconnaissance, conserva toute sa vie le nom. L'appelant ensuite auprès de sa personne, il lui ouvrit la route des honneurs. Le cardinal Louis d'Est, archevêque d'Auch, ayant ouï parler du mérite oratoire du jeune prêtre, l'appela dans son chapitre pour y tenir l'emploi de théologal. Il était à peine investi de cet office, que le cardinal d'Armagnac, monté en 1562 sur le siége de Toulouse, réclama Sorbin à titre de supérieur ordinaire et lui conféra dans le chapitre métropolitain de Saint-Etienne le même emploi de théologal.

Sorbin, connu déjà par son éloquence et par son zèle contre les Calvinistes, prêcha successivement dans les chaires de Toulouse, Narbonne, Lyon et Paris. En 1567, sa réputation comme sermonaire acquit un tel éclat, que la reine-mère, Catherine de Médicis, attira Sorbin à la cour et lui conféra le titre d'ecclésiaste ou prédicateur du roi. Dans ce même temps, Madeleine de Savoie le chargea de prononcer l'oraison funèbre du connétable de Montmorency, tué en novembre de cette année à la bataille de Saint-Denys.

C'est à partir de ce moment que Sorbin se révèle comme publiciste. Adversaire déclaré de la réforme, dévoué en outre à la politique de la cour, Sorbin ne laisse plus passer une année, sans manifester par un écrit son intervention active dans la mêlée religieuse et politique.

Dès 1568, le zélé polémiste publie un traité de théologie apologétique intitulé : *Trace du ministère visible de l'Eglise romaine*. Ce livre, qui débute par l'exposé historique du dogme et de la tradition catholiques, se termine par des attaques contre le calvinisme qui, au dire de l'auteur, résume toutes les erreurs professées par les hérésies antérieures. Conçu dans un ton agressif, il rend bien les procédés ordinaires de Sorbin qui dans ses sermons, comme dans ses écrits, demeure avant tout l'adversaire implacable des protestants.

L'histoire des Albigeois et gestes de noble Simon de Montfort, est le second ouvrage sorti de la plume de Sorbin. En traduisant le récit du moine de Vaux-Sernay, le prédicateur du roi entendait moins propager la connaissance d'événements historiques que faire la guerre aux réformés. Sorbin saisit toujours les analogies qui existent entre l'hérésie albigeoise du XIIIe siècle et les opinions nouvelles du XVIe; il signale au roi les moyens énergiques employés par Simon de Montfort pour réprimer le schisme et propose explicitement au duc d'Anjou, dans sa préface, de marcher sur les traces du pieux héros de la croisade albigeoise.

Notre impartialité nous impose le triste devoir de reconnaître que Sorbin fut un des instigateurs de la sanglante nuit de la Saint-Barthélemy. Les *Mémoires de l'Etat de France sous Charles IX,* le témoignage de de Thou, les affirmations de deux historiens modernes, MM. Michelet et H. Martin, sembleraient-ils insuffisants pour justifier cette grave imputation, que Sorbin lui-même viendrait la rendre évidente par l'apologie explicite qu'il a faite du massacre en 1574.

Cette apologie est renfermée dans un pamphlet intitulé : *Le vray Resveille-matin des Calvinistes et Publicains françois,* publié en réponse au *Resveille-matin des François et de leurs voisins*, attribué à Théodore de Bèze.

Sorbin glorifie le crime du 24 août, d'abord par deux hymnes en l'honneur de la Saint-Barthélemy, placés parmi les pièces liminaires, puis dans une dissertation savante divisée en quatre chapitres et qui constitue le corps même du pamphlet.

Sorbin ne fut pas seulement à la mode pour ses écrits, il le fut aussi pour ses oraisons funèbres. Il passe pour le prédicateur le plus abondant et le plus fleuri de son temps. La Bibliographie compte douze oraisons funèbres conservées jusqu'à nous. Confesseur du roi, il assista Charles IX dans l'agonie de ce monarque et prononça, en outre de son éloge public, huit sermons consécutifs sur la *Résurrection de la chair.*

En 1578, Sorbin consentit, sur la prière de Henri III, à faire en l'église Saint-Paul l'oraison funèbre de Quélus et de Saint-Mégrin, mignons du roi. Cet acte de complaisance fut suivi bientôt de sa promotion à la dignité épiscopale.

Nommé en 1578 à l'évêché de Nevers, Arnaud fut sacré à Paris dans l'église de Sainte-Geneviève le 22 juillet de cette année par Pierre de Gondy, évêque de Paris, assisté de Jacques Amyot, évêque d'Auxerre, et de Nicolas Fumée, évêque de Beauvais, et fit son entrée solennelle à Nevers, le 8 octobre suivant.

Pendant 28 ans, Arnaud porta la crosse pastorale et se montra si pieux, si savant et si zélé, que depuis Genebrard, on ne se rappelait pas avoir vu un pareil pontife. Il prononça l'oraison funèbre de Charles IX aux obsèques de ce prince en juillet 1574, celles de Marguerite de France, duchesse de Savoie, en 1575, de Claude de France, duchesse de Lorraine, en 1575, et de Henriette de Clèves, duchesse de Nevers, en 1601. Par une ordonnance du 20 juillet 1591, il constitua au collége de Nevers les revenus d'une prébende, et, en 1592, assigna une autre prébende à l'entretien des enfants de chœur en unissant la dignité d'écolâtre à celle de grand-archidiacre. En 1593, il chassa de Nevers des Franciscains scandaleux, et les remplaça, trois ans après, par des Récollets plus exemplaires.

Devenu évêque de Nevers, Sorbin parait s'être livré avec assiduité à ses devoirs diocésains. Il n'intervient qu'à de rares intervalles dans les agitations de la Ligue. Son rôle comme écrivain polémiste cesse dès 1578. Sorbin, comme les principaux chefs de la Ligue, reconnut Henri IV après sa conversion. Il jouit de la confiance de ce prince, qui le choisit pour aller à Rome en 1595, obtenir du Pape la levée des derniers interdits jetés sur le roi de France.

Arnaud Sorbin fut en 1600 l'un des juges de la célèbre conférence de Fontainebleau, entre Jacques du Perron, depuis cardinal, et Philippe Duplessis-Mornay. Le 6 janvier de cette année, il assista au sacre de Gaspard Dinet, évêque de Mâcon. A cette époque, il se rendit à Orléans pour y prêcher le jubilé, et fit imprimer un *Missel*, un *Rituel* et un *Bréviaire* à l'usage du diocèse. Nous feront remarquer que, dans ce dernier ouvrage, il compte saint Austremoine comme premier évêque de Nevers. Cette opinion n'est pas soutenable.

Il fit à Nevers et à Urzy beaucoup de dépenses pour l'embellissement de ses palais épiscopaux. Le 9 juin 1601, il permit aux Capucins de s'établir à Nevers. Arnaud Sorbin mourut dans sa ville épiscopale, le mercredi 1er mars 1606, à l'âge de 74 ans, et fut inhumé au pied de la chaire du haut de laquelle il avait, avec tant d'éloquence, expliqué si souvent à son troupeau les vérités de la foi. Son cœur fut déposé dans l'église des Capucins auxquels il légua sa bibliothèque.

Il nous reste maintenant à énumérer les titres des principaux écrits ou libelles publiés par Sorbin, lesquels inspirés par le même esprit et les mêmes ressentiments, ne s'élèvent pas à moins de trente. La prose et les vers tentèrent également la verve infatigable de cet écrivain. Malheureusement on trouve dans Sorbin plus de fougue que de véritable éloquence. Le style s'abaisse à la violence ; quelquefois même il descend jusqu'à l'injure.

1° Traité d'oraison chrestienne contenant la vraye disposition d'icelle et décision des controverses de la prière intelligible et de la prière des saints, avec un formulaire d'oraisons, *Paris, Guillaume Chaudière*, 1567, in-8°. — 2° Deux Oraisons funèbres d'Anne de Montmorency, connétable de France, prononcées, l'une à Notre-Dame et l'autre à Montmorency, *Paris, Guil. Chaudière*, 1567 et 1568, in-8°. — 3° Les marques de la vraie Église, *Paris*, 1568, in-8°. — 4° Trace du ministère visible de l'Église catholique romaine, prouvée par l'ordre des pasteurs et Pères qui ont écrit et prêché en icelle, avec la remarque des algarades que l'hérésie calvinesque lui a données en divers temps, *Paris*, 1568, in-8°. — 5° Les conciles de Tholose, Beziers, et Narbonne, ensemble les ordonnances du comte Raymond contre les Albigeois et l'instrument d'accord entre le dit Raymond et saint Loys, arrêts et statuts pour l'entretien d'iceluy et pour l'extirpation de l'hérésie, traduits de latin en françois, *Paris*, *Guil. Chaudière*, 1569, in-8°. — 6° Histoire des Albigeois et gestes de noble Simon de Montfort, traduits du latin de Pierre des Vallées-Sernay, *Paris, Guil. Chaudière*, 1569, in-8°. — 7° Allégresse de la France pour l'heureuse victoire obtenue entre Coignac et Chastelneuf, le 13 mars 1569, *Paris*, 1569, in-8° (en vers). — 8° Tractatus de monstris, *Parisiis*, 1570, in-16, traduit en français et inséré dans le recueil des *Histoires prodigieuses*. — 9° Description de la source, continuation et triomphe d'erreur, de ses maux, et des remèdes qui lui sont propres et où est contenu le portrait du vrai politique moderne, *Paris*, *G. Chaudière*, 1570, in-12, et 1574, in-4° (en vers). — 10° Histoire contenant un abrégé de la vie, mœurs et vertus de Charles IX, *Paris*, 1574, in-8°. — 11° Huit sermons de la résurrection de la chair, prononcés au château du bois de Vincennes, durant le temps de parade et deuil de Charles IX, roy de France, vrayement piteux et débonnaire, propugnateur de la foy et amateur des bons esprits, *Paris*, *Guil. Chaudière*, 1574, pet. in-8°. — 12° Oraison funèbre du roy Charles IX, prononcée en l'église Notre-Dame de Paris, le 12 juillet 1574, *Paris*, *Guil. Chaudière*, 1574, pet. in-8°. — 13° Le vray resveille-matin pour la défense de la majesté de Charles IX, *Paris*, *Guil. Chau-*

dière, 1574, in-8°, reimprimé sous le titre de : Vray resveille-matin des Calvinistes et Publicains françois, *Paris*, 1576, in-8°. — 14° Le vray discours des derniers propos mémorables et trespas du feu roi Charles IX, *Paris*, 1574, in-8°. — 15° Oraison funèbre de Cosme de Médicis, prononcée le 27 mai 1574, *Paris*, 1574, in-8°. — 16° Oraison funèbre de Marguerite de France, duchesse de Savoye, prononcée le 29 mars 1575, *Paris*, *Guil. Chaudière*, 1575, in-8°. — 17° Oraison funèbre de Claude de France, fille du roy Henri II, duchesse de Lorraine et de Bar, prononcée le 30 mars 1575, *Paris*, *G. Chaudière*, 1575, in-8°. — 18° Homélies (au nombre de 19) sur l'interprétation des dix commandements de la loi et opposition des playes d'Egypte aux trangressions d'iceux commandements, *Paris*, 1575, in-8°. — 19° Manuel de dévotion, extrait des écrits des saints Pères et Docteurs, mis en très-bel ordre par Simon Verrepé, traduit en françois par J. B. et augmenté de plusieurs dévotes oraisons, par Arnaud Sorbin de Saincte-Foy, *Lyon, Michel Jove*, 1575, in-12. — 20° Advertissements apologétiques au peuple François avec briève réponse aux quinze raisons par lesquelles un certain personnage a tâché de reprendre la manière de prier à la fin des sermons, *Paris*, 1575, in-8°. — 21° Oraison funèbre d'Isabeau de France, fille de Charles IX et d'Élisabeth d'Autriche, *Paris*, 1577, in-8°. — 22° Oraison funèbre de Jacques de Lévis, comte de Kailus, gentilhomme et chambellan ordinaire du roi, prononcée le dernier mai 1578 et précédée d'une Epitaphe en 24 vers, *Paris*, *Guil. Chaudière*, 1578, in-8°. — 23° Oraison funèbre de Paul de Caussade, seigneur de Saint-Mégrin, prononcée le 25 juillet 1578, *Paris*, *G. Chaudière*, 1578, in-8°. — 24° Exhortation à la noblesse pour la dissuader et la détourner des duels et autres combats contre les commandements de Dieu, devoir et honneur dus au prince, *Paris*, 1578, in-12. — 25° Oraison funèbre de Marie-Isabelle de France, *Paris*, 1578, in-8°. — 26° Regrets de la France sur les misères des troubles, *Paris*, 1578, in-8° (en vers.) — 27° Formulaire des oraisons propres à dire en toutes ordinaires actions chrestiennes, *Caen*, *Bénédict Massé*, 1580, in-12. — 28° Homélies sur l'Epître canonique de saint Jude, ensemble celle de la Nativité de Jésus-Christ, prêchées en l'église cathédrale de Nevers, durant l'Avent de 1578 et depuis rédigées en écrit, *Paris*, 1580, in-8°. — 29° Oraison funèbre de Charles de Bourbon, *Nevers*, 1595, in-8°. — 30° Oraison funèbre de Louis de Gonzague, duc de Nivernois et de Rethelois, gouverneur ès-pays de Brie et de

Champagne, *Paris*, 1596, in-8°. — 31° Oraison funèbre de Henriette de Clèves, princesse de Condé, *Nevers*, 1601, in-8°. — 32° Réponse au traité de la prédestination, composé par Couët, *Paris*, *Lhuillier*, 1604, in-18.

Ce fut sous l'épiscopat d'Arnaud Sorbin que mourut à Nevers, le 11 mars 1603, le célèbre jurisconsulte Gui Coquille, sieur de Romenay, procureur général du duché de Nevers, né à Decize le 11 novembre 1523. C'est le premier écrivain qui ait défini les droits des Etats-généraux en France, et le livre qu'il composa sur ce sujet est encore aujourd'hui consulté par les publicistes et les jurisconsultes.

94. — EUSTACHE Ier DU LIS (1606-1643).

Il était fils de Pierre du Lis, gouverneur du Hurepoix, et d'Elie de Saint-Phal, et neveu de Guillaume du Lis, gouverneur pour le roi François Ier de la ville et château de Chantelle en Bourbonnais. Chanoine et trésorier de l'Église de Nevers, Eustache fut choisi en 1579 pour vicaire général par Arnaud Sorbin, et Henri IV le nomma plus tard l'un de ses aumôniers. En 1588, appréciateur de son mérite et de ses talents, le clergé du diocèse l'élut pour son député aux Etats de Blois et se fit également représenter par lui à diverses autres assemblées séculières et ecclésiastiques.

Pourvu par Henri IV de l'évêché de Nevers et préconisé par Paul V, Eustache du Lis fut sacré à Melun dans l'église collégiale de Notre-Dame, le 19 novembre 1606, par Bertrand Deschaux, évêque de Bayonne, assisté de Claude Dormy, évêque de Boulogne, et de Jean Bertier, évêque de Rieux, et fit son entrée solennelle à Nevers le 10 décembre suivant (1). Il bénit la première pierre de l'église des Minimes que posèrent, le 9 juin 1607, Charles de Gonzague, duc de Mantoue et de Nevers, et Catherine de Lorraine sa femme, consacra le 25 avril 1527 cette église, et, le 19 juin 1611, dédia également celle des Capucins.

Eustache du Lis assista au concile provincial tenu à Paris le 13 mars 1612, contre Edmond Richer au sujet de son ouvrage : *De la puissance ecclésiastique et politique*. Cette même année,

(1) Michel Cotignon a écrit en latin le procès-verbal de l'entrée d'Eustache du Lis à Nevers. M. de Sainte-Marie a abrégé et traduit ce document qu'il a inséré dans ses *Recherches historiques sur Nevers*, p. 326-334.

il posa la première pierre de l'église du collége de la Compagnie de Jésus fondé, dès 1571, par Louis de Gonzague et sa femme Henriette, duchesse de Nevers. Il fit plus tard la consécration de cette église, de même qu'il bénit une chapelle élevée sous l'invocation de saint Roch et de saint Sébastien, dans l'église des Augustins de Saint-Pierre-le-Moutier, où, le 15 septembre 1613, il enferma dans une châsse des reliques de saint Jérôme et d'autres saints. Le 8 novembre 1615, il consacra l'église de Saint-Victor. En 1620, il installa prieur de La Charité Charles de Gonzague de Clèves, fils de Charles, duc de Nevers, et de Catherine de Lorraine, lequel, devenu héritier du duché le 21 septembre 1637, quitta la carrière ecclésiastique et épousa Isabelle d'Autriche-Inspruck.

L'épiscopat d'Eustache du Lis fut remarquable par la fondation et l'établissement d'un grand nombre de communautés religieuses. C'est ainsi qu'en 1618, les prêtres de la Congrégation de l'Oratoire s'établirent à Nevers, que le 15 octobre 1619, il autorisa l'établissement des religieuses de Notre-Dame du Mont-Carmel, fondé par Jacqueline Roy, veuve de Claude Gacoing, seigneur de Vérille. Il consacra peu après l'église de cette maison. Le 21 juillet 1620, les religieuses de la Visitation furent reçues à Nevers, et en 1622, on vit aussi s'établir dans cette ville un couvent d'Ursulines, d'où partirent plus tard des religieuses qui fondèrent, en 1647, des maisons de leur ordre à Moulins-Engilbert et à Saint-Pierre-le-Moutier. Enfin, Charles Roy, prêtre et conseiller au parlement de Paris, donna des fonds pour établir à Nevers en 1624 un couvent de Carmes déchaussés. Usé par de longs travaux, affaibli par l'âge, Eustache du Lis avait demandé et obtenu en 1634 pour coadjuteur son neveu Eustache de Chéry qui lui succéda. Il mourut dans sa 82e année à son château de Prémery, le mercredi 17 juin 1643, et fut inhumé dans le sanctuaire de sa cathédrale. Son cœur fut déposé dans l'église des Capucins de Nevers.

95. — EUSTACHE II DE CHÉRY (1643-1666).

Il était fils de Nicolas de Chéry et de Marguerite du Lis, chanoine grand-archidiacre, trésorier de l'Eglise de Nevers et curé de Poiseux, quand son oncle le demanda en 1634 pour coadjuteur, et, assisté de Sébastien Zamet, évêque de Langres, de Dominique Seguier, évêque d'Auxerre, et de Philibert de Brichanteau, évêque de Laon, le sacra, la même année, dans la cathédrale de Nevers, sous le titre d'évêque de Philadelphie.

Titulaire de l'évêché le 17 juin 1643, Eustache prit immédiatement possession du siége. C'était un prélat d'un mérite éminent; il avait à peine atteint sa 25e année, quand il avait assisté en 1614 aux États généraux du royaume, et les prêtres du diocèse l'avaient nommé député du second ordre aux assemblées du clergé de 1625, de 1626 et de 1635. Eustache était l'un des évêques réunis en 1650 à Paris, pour prier le Souverain-Pontife de censurer les propositions de Jansénius. Il assista à l'assemblée du clergé en 1656. Le dimanche 27 avril 1659, il sacra, dans l'église de Sainte-Geneviève à Paris, Laurent de Chéry, son neveu, sous le titre d'évêque de Tripoli en Syrie, et fut assisté dans cette cérémonie par Pierre de Broc, évêque d'Auxerre, et Pierre Pingré, évêque de Toulon. A la mort de Laurent de Chéry, arrivée en 1666, Eustache résigna son évêché à Edouard Vallot, et mourut à son château de Prémery, le dimanche 10 novembre 1669, à l'âge de 79 ans.

En donnant sa démission, il s'était réservé ce château et le prieuré de Saint-Révérien. Son corps fut transporté à Nevers et inhumé auprès de celui d'Eustache du Lis; son cœur fut déposé dans l'église de Saint-Martin : car, le premier de tous les évêques de Nevers, il avait établi un séminaire pour son diocèse, et en avait confié la direction aux Chanoines réguliers de cette abbaye.

Ses armoiries étaient : *d'azur, au chevron d'or, accompagné de trois roses d'argent, boutonnées du second émail.*

76. — ÉDOUARD Ier VALLOT (1666-1705).

Né en 1637, il était fils d'Antoine Vallot, sieur de Magnan et d'Audeville, premier médecin du roi Louis XIV, et de Catherine Gayant. Peu jaloux de suivre une carrière que son père parcourait cependant avec honneur, il entra dans l'état ecclésiastique, et fut, à peine âgé de seize ans, pourvu en 1653 de l'abbaye de Saint-Aubin-des-Bois, au diocèse de Saint-Brieuc. Au mois d'octobre 1658, il obtint également en commende celle de Saint-Maurin au diocèse d'Agen, où il fut maintenu en 1660 par arrêt du grand conseil contre un usurpateur. Au mois d'avril de cette année, il prit possession de l'abbaye de Nogent-sous-Coucy au diocèse de Laon. En 1661, il assista, en sa qualité d'abbé, aux États de Bretagne tenus à Nantes. Docteur de la maison de Sorbonne, Édouard Vallot était en outre prieur commendataire de Saint-Révérien ; mais il se démit de ce dernier bénéfice en faveur d'Eustache de Chéry, lorsque ce dernier lui résigna l'évêché de Nevers. Nommé à ce siége le 8 septembre 1666, il fut préconisé le 7 février 1667 et reçut la consécration épiscopale le 28 août suivant dans l'église de la Sorbonne à Paris, des mains de Louis-Henri de Pardaillan de Gondrin, archevêque de Sens, assisté de Pierre de Broc, évêque d'Auxerre, et de Jean de Maupeou, évêque de Châlon-sur-Saône. Il prêta serment de fidélité au roi le 14 juillet de cette année. En arrivant dans son diocèse, Édouard Vallot enleva aux Chanoines réguliers la direction de son séminaire qu'il donna aux prêtres de l'Oratoire. Le 12 août 1674, il fut un des deux évêques qui assistèrent M. de Grignan, évêque de Claudiopolis, coadjuteur d'Arles, dans la cérémonie du sacre de Luc d'Aquin, évêque de Saint-Paul-Trois-Châteaux. Le 14 septembre 1681, il consacra l'église de l'hôpital général de Nevers, et, le 5 octobre 1686, la chapelle des Carmélites. Le 11 juillet 1688, il donna l'habit aux premières Sœurs de la Charité de Nevers, favorisa de tout son pouvoir l'établissement de cette œuvre qui devait avoir plus tard de si heureux résultats, et, par lettres du 6 février 1698, approuva la règle de cette congrégation.

Ce prélat permit le 28 février 1695 à un couvent d'Ursulines de s'établir dans le faubourg de Nevers, et mourut à Paris après une longue maladie et à l'âge de 68 ans, le jeudi 3 septembre 1705. Il fut inhumé dans l'église de l'*Ave Maria*.

Les armoiries d'Edouard Vallot étaient : *d'azur, au chevron d'or, accompagné en chef de deux étoiles de même, et en pointe d'un rameau de chêne feuillé et englandé aussi d'or.*

97. — ÉDOUARD II BARGEDÉ (1705-1719).

Né à Corbigny de Gaspard Bargedé, bailli de cette ville, Edouard fit ses études à Nevers, y fut ordonné prêtre et obtint successivement la cure de Montreuillon et celle de Saint-Arigle de Nevers. Edouard Vallot le nomma en 1694 vicaire général et official, puis grand-chantre et chanoine de la cathédrale en 1701, et le fit nommer par le roi pour son coadjuteur le 15 août 1705, jour où il reçut aussi en commende l'abbaye de Beaulieu.

Louis XIV l'appela à l'évêché de Nevers comme titulaire le 1er novembre de cette année. Après avoir été préconisé à Rome, dans le consistoire du 26 janvier 1706, Edouard Bargedé obtint ses bulles le 22 mars et fut sacré à Paris le 2 mai suivant, dans l'église du Noviciat des Jésuites par Louis-Gaston Fleuriau d'Armenonville, évêque d'Aire, assisté de César de Sabran, évêque de Glandève, et de Jean de Catellan, évêque de Valence.

En 1709, il établit son séminaire diocésain dans les bâtiments de l'abbaye de Saint-Sauveur qu'il obtint du grand-prieur de Cluny, et en confia la direction aux Jésuites. Le 25 juillet 1710, il fut nommé par le roi abbé de Saint-Cyran en Braine, au diocèse de Bourges, avec la faculté d'unir à sa mense épiscopale les revenus de la commende. Les évêques de la province de Sens le choisirent pour leur député à l'assemblée générale du clergé qui se réunit à Paris le 1er juin 1715, et il s'y trouvait encore au mois de septembre suivant, puisqu'il assista aux funérailles de Louis XIV à Saint-Denys. Le 8 décembre 1716, Edouard bénit solennellement la chapelle des Sœurs de la Charité de Saint-Saulge, et la plaça sous le vocable de l'Immaculée Conception.

Au mois de juillet 1719, il ordonna une procession générale pour demander à Dieu de mettre fin à une trop longue sécheresse, et voulut y assister en personne avec ses habits pontificaux. Mais son excessif embonpoint, le poids de ses ornements et la chaleur qui était extrême, le fatiguèrent à un tel point, qu'après avoir pris un verre d'eau en rentrant dans son palais, il fut attaqué d'une fluxion de poitrine, qui l'enleva à son troupeau le jeudi 20 juillet 1719, à l'âge de 68 ans. Le chapitre le recommanda aux prières des fidèles par un Mandement du 30 du même mois, signé des vicaires généraux, Rapine de Sainte-Marie, grand-archidiacre, et Alixand, chanoine.

Quelques parties de ce Mandement semblent indiquer que le diocèse de Nevers n'était point resté étranger aux luttes qui divisaient alors l'Eglise. On y lit par exemple :

« Nous ne pouvons différer plus longtemps, nos très-chers Frères, de vous faire connaître notre vénération pour la mémoire de feu messire *Edouard Bargedé*, notre évêque, qui nous sera précieuse dans tous les temps. Les marques de tendresse qu'il nous a données dans les derniers jours de sa vie, sont des preuves éclatantes de la droiture de ses sentiments : il ne parloit plus que de paix, d'union, de charité, et faisoit assez sentir que s'il recouvroit la santé, notre Eglise reprendroit bientôt sa première face. Nous aurions vu la concorde régner entre le chef et les membres; nous aurions vu cette harmonie se répandre en peu de temps dans tous les ordres de ce diocèse, et *l'homme ennemi n'auroit plus trouvé* ni le temps de semer la zizanie, ni l'occasion d'entretenir le trouble. Dieu, dont les jugements sont impénétrables, nous a enlevé ce prélat sans vouloir écouter nos vœux, il n'a pas plu à sa divine justice de lui donner le temps d'exécuter de si louables intentions; mais nous, qui en avons été les témoins et qui en devenons les exécuteurs par l'autorité qu'il nous a laissée, nous nous faisons un devoir de vous annoncer la paix qu'il a eue si fort à cœur.

» C'est pourquoi, nos très-chers Frères, nous vous conjurons comme faisoit le grand Apôtre, *de bannir toutes les dissensions*, *de vous réunir dans le mesme langage* et les mesmes sentiments, c'est-à-dire, de n'en point avoir qui ne tendent à la paix. S'il y a eu des disputes dans l'Eglise, elles ne doivent pas être pour vous une occasion de scandale, mais plutost de gémissement auprès du Père des lumières, afin *qu'il lui plaise d'éclairer ceux* qui croyent voir et *qui ne voyent point*. Confions-nous en lui, assurons-nous que *celui qui s'est acquis une Eglise au prix de son sang* saura bien lui-même *la défendre contre les puissances de l'enfer*. Ainsi quelque parti que vous aïez pris dans les contestations passées, laissez à Dieu mesme pour le présent le soin de sa cause, et ne vous y intéressez que par vos prières et par vos larmes. Que ceux donc qui avoient *tiré le glaive* contre leurs frères, *le remettent en sa place* et donnent cette marque de soumission, non-seulement à l'Evangile, mais à la police de ce royaume. En un mot, éloignons de nous ces funestes divisions qui déchirèrent la robe de Jésus-Christ, et attachons-nous à cette unité que notre évêque en mourant nous a tant recommandée; c'est un témoignage que notre ministère nous oblige de lui rendre, c'est un exemple que votre piété ne peut se dispenser de suivre, c'est enfin un nouveau motif de redoubler vos prières pour le repos d'un prélat que ses derniers sentiments doivent vous rendre si cher. »

A ce sujet, voici ce qu'on lit dans le *Journal de l'abbé Dorsanne*, 2e édition, tome III, page 80 :

« M. l'évêque de Nevers mourut au mois de juillet.

» Il avait été un si hardi constitutionnaire que depuis que quelques-uns de ses chanoines avoient appelé, il n'était plus entré dans sa cathédrale.

» Lorsqu'au mois de..... on eut besoin de prières publiques, il refusa de les ordonner, ne voulant point le faire avec ses chanoines. La ville qui en sentoit le besoin pressant à cause de la grande sécheresse, pria le chapitre de les faire indépendamment de l'évêque et d'exhorter les religieux à y assister, n'ayant pas droit de le leur enjoindre, le chapitre fit les prières.

» Les religieux, de crainte de se brouiller avec l'évêque, refusèrent d'y assister, et le lendemain lorsque les Frères allèrent à la quête, ils trouvèrent un refus général. La ville écrivit à M. le duc d'Orléans la conduite de l'évêque. Il reçut une lettre vive, et aussitôt, il fit faire des prières auxquelles il assista; et par là, il se réconcilia avec son Eglise, et leva l'excommunication qu'il avoit prononcée contre lui-même.

» Peu de temps après, il tomba malade. Il reçut les sacrements de la main de son chapitre et mourut si (bien) réconcilié en apparence avec les appelans, que M. le duc d'Orléans dit à son chocolat, que *l'évêque de Nevers avant que de mourir, avoit abjuré la constitution, et qu'il eût mieux fait d'abjurer la démission qu'il avoit fait signer par M. Valos* (sic) *son prédécesseur, évêque de Nevers, au lieu d'un démissoire que le bon évêque croyait signer*. Ce qui a fait regarder M. de Bargedé comme un *intrus*.

» On trouvera dans le Recueil des pièces une relation exacte de ce qui s'est passé pendant les derniers jours de l'épiscopat de M. de Bargedé. »

On inhuma M. Bargedé dans le chœur de sa cathédrale.

Il portait : *de gueules, à la bande d'or, accompagnée de* 3 *croix de même*, 2 *et* 1, *la bande chargée d'un lion de sable.*

98. — CHARLES II FONTAINE DES MONTÉES (1719-1740).

Né à Orléans en 1662, il était fils d'Anne Fontaine, seigneur des Montées, conseiller et secrétaire du roi, mort le 10 mars 1716, et de Françoise Boyetet de Mérouville. Il fit ses études à Paris et fut reçu le 8 août 1689 docteur en théologie de la maison royale de Navarre. Il devint ensuite doyen de l'église de Sainte-Croix, à Orléans, et fut admis le 16 avril 1698 en qualité de conseiller-clerc au parlement de Paris. Nommé plus tard abbé de Saint-Cyran en Braine, il fut pourvu de l'évêché de Nevers le 27 août 1719, et préconisé à Rome le 17 septembre suivant. Son sacre eut lieu le 12 novembre de la même année, dans l'église des Carmes-déchaussés à Paris, et la cérémonie en fut faite par Denys-François de Bouthillier de Chavigny, ancien évêque de Troyes, assisté de Louis de La Vergne de Tressan, évêque de Nantes, et de Jean-Baptiste Massillon, évêque de Clermont. Le nouveau prélat prêta, le 26 du même mois, serment de fidélité entre les mains du roi en présence du régent, et, après avoir fait prendre en son nom possession du siége par Jean de Bèze, doyen du chapitre, mort le 1er juillet 1730, il fit son entrée à Nevers le 30 janvier 1720.

Une décision royale en date du 19 août 1721 lui permit d'unir à sa mense épiscopale l'abbaye de Saint-Cyran au diocèse de Bourges, qu'il possédait en commende. Le 22 novembre 1723, il prit place au parlement de Paris comme conseiller d'honneur, et assista en qualité de député de la province de Sens aux assemblées du clergé de 1726, 1734 et 1735.

Jouissant de son chef d'une immense fortune, et le plus riche de tous les évêques de France, Charles Fontaine des Montées fit dès son entrée dans le diocèse des aumônes considérables et continua à verser ses revenus dans le sein des pauvres. Le système des billets de banque de Law lui ayant enlevé une partie de son patrimoine, le généreux prélat ne trouva le moyen de continuer ses aumônes ordinaires qu'en retranchant beaucoup sur les dépenses de sa maison, et eut le courage de faire ce sacrifice. Il renouvela dans le siècle de la régence, si renommé pour sa corruption excessive, l'exemple de l'immense charité que Guillaume de Saint-Lazare avait donné sous le règne de saint Louis. En 1729 et en 1731, l'hiver fut très-rigoureux, et le bon évêque augmenta ses aumônes en proportion de la misère publique. De grands feux furent allumés devant la porte du palais épiscopal, et, en cette dernière année, pendant toute la durée du froid, il nourrit à ses frais depuis 300 jusqu'à 2,200 pauvres.

En 1727, il fit revoir et imprimer le Missel, les livres de chant et le Bréviaire que l'on retrouve encore aujourd'hui dans quelques paroisses du diocèse. Il donna au chapitre de magnifiques ornements, et, en 1739, fit couvrir la cathédrale en ardoises et construire le petit dôme qui surmonte l'horloge.

Ce généreux et saint pasteur mourut à Paris le samedi 20 février 1740, dans le commencement de sa 78e année. Son corps fut inhumé dans l'église des Prêtres de l'Oratoire, et son cœur déposé dans celle des Carmes déchaussés. Son testament fut une preuve nouvelle de son esprit bienfaisant. Il légua sa riche bibliothèque aux Chanoines réguliers de Saint-Martin de Nevers, à condition qu'elle serait rendue publique pour les jeunes ecclésiastiques. Il donna en outre, pour être distribuées aux pauvres, deux cents livres à chacune des églises séculières ou régulières du diocèse, et ce legs dut s'élever à une somme très-considérable.

Son acte de décès est ainsi conçu sur les registres de la paroisse de Saint-Jacques du Haut-Pas, à Paris :

« Le vingt-un février 1740, Monseigneur Messire CHARLES FONTAINE DES MONTÉES, âgé de soixante et seize ans et demie, évêque de Nevers, conseiller du roy en tous ses conseils et d'honneur au parlement de Paris et dans tous les autres du royaume, mort d'hyer dans la maison de l'Institution, et après avoir chanté dans cette église les vespres des morts a été transporté dans l'église de l'Institution en présence de Messire Claude le marquis de Beauvais son neveu, et de Messire François le comte de Chabannes, grand-croix de l'ordre militaire de Saint-Louis, major général des armées du roy et du régiment des gardes françoises aussy son neveu et ont signé

BEAUVAIS D'ORMESSON. — CHABANNES. — FAVIER, vic. »

Charles Fontaine des Montées portait : *d'or, au rencontre de cerf de sable.*

99. — GUILLAUME IV D'HUGUES (1740-1751).

Issu d'une famille originaire de Pouzols, au diocèse de Béziers, il naquit en 1690 au château de La Motte du Caire, au diocèse de Gap, et était le troisième fils de François de Hugues, baron de Beaujeu, premier consul d'Aix, et de Françoise de Castellane de Salerne qu'il avait épousée le 18 décembre 1678. Cette famille avait fourni à l'Église d'Embrun un archevêque qui occupa ce siége de 1612 à 1648, et elle donna à celle de Die un prélat, Georges-Gaspard-Alexis de Plan des Augiers, que déposséda la révolution de 1789.

Guillaume, oncle de ce dernier, était chanoine et prévôt de l'Église métropolitaine d'Embrun, vicaire général de ce diocèse, lorsque le roi le désigna le 24 septembre 1740 pour succéder à Charles Fontaine des Montées. Préconisé dans le consistoire du 8 novembre suivant, Guillaume de Hugues fut sacré à Paris le 5 mars 1741 dans la chapelle du séminaire de Saint-Sulpice par Jean-Joseph Languet de Gergy, archevêque de Sens, assisté de

Daniel-Joseph de Cosnac, évêque de Die, et de Joseph-Gaspard Gilbert de Chabannes, évêque d'Agen. Après avoir prêté serment le 8 du même mois entre les mains du roi, il fit son entrée solennelle à Nevers le 9 juin de la même année.

Pendant son épiscopat, et le 14 avril 1743, les chanoines de Saint-Cyr reprirent la soutane rouge dont l'usage avait été interrompu depuis deux siècles.

Ce prélat, dont on s'accorde à louer la rare bonté et les vertus éminentes, fut transféré le 4 avril 1751 à l'archevêché de Vienne, prêta serment au roi le 13 août, et prit possession le 30 décembre suivant. Il assista le 24 février 1754 le cardinal de Tencin, archevêque de Lyon, dans la cérémonie du sacre de Jean-Baptiste-Marie Brou, évêque d'Égée, suffragant de Lyon. En mars 1758, il assista à ses derniers moments le cardinal de Tencin, et se trouva en 1765, à l'assemblée générale du clergé de France, où furent condamnés plusieurs livres contre la religion et où fut faite une exposition des droits de la puissance spirituelle; son nom figure parmi les signataires après ceux de M. de La Roche-Aymon, archevêque de Reims, de M. de Saint-Jean de Jumilhac, archevêque d'Arles et de M. de Rosset de Ceilhes de Fleury, archevêque de Tours. Ce fut par ses soins que l'abbé Claude Charvet, archidiacre de La Tour dans l'Église de Vienne, publia en 1771 l'*Histoire de la sainte Église de Vienne.*

Guillaume d'Hugues, après avoir occupé ce siége pendant près de vingt-trois ans, mourut à Grenoble au mois de janvier 1774, dans la 84e année de son âge, laissant une grande réputation de vertu et même de sainteté.

Il portait pour armes : *d'azur, à un lion d'or, chargé de trois fasces de gueules brochant sur le tout, et surmonté de trois étoiles d'or, rangées en chef.*

100. — JEAN IX ANTOINE TINSEAU (1751-1782).

Fils d'Antoine-Alexandre Tinseau, conseiller au parlement de Franche-Comté, et d'Anne-Alexandrine Gilbert, il naquit à Besançon le 20 avril 1697, et embrassa de bonne heure l'état ecclésiastique. Dès l'âge de quinze ans, il reçut dans l'Université de sa ville natale le bonnet de docteur en théologie, fut pourvu en même temps d'un canonicat dans l'église métropolitaine, et obtint plus tard la confiance de l'archevêque Honoré-François de Grimaldi de Monaco, qui se reposa sur lui des soins de l'administration du diocèse de Besançon, et le fit son official et son vicaire général.

Le 8 septembre 1743, l'abbé Tinseau obtint en commende l'abbaye de Bitaine, au même diocèse, et fut appelé par le roi le 20 avril 1745 à monter sur le siége épiscopal de Belley. Sacré en cette qualité le 12 septembre suivant, il prêta serment de fidélité entre les mains du roi le 28 du même mois. Le nouveau prélat fit refleurir l'ancienne discipline dans le diocèse de Belley, et tint chaque année des assemblées synodales dont il publia les décisions sous ce titre : *Statuta synodalia diœcesis Bellicensis, edita et promulgata in synodis diœcesanis annorum* 1746, 1747, 1748 et 1749; Lyon, 1749, in-12.

Transféré à l'évêché de Nevers le 4 avril 1751, il voulut donner à sa première Église des marques de son attachement, et lui fit présent d'un ornement complet, consistant en six chapes, une chasuble et deux dalmatiques uniformes, estimées plus de cinq mille livres. Après avoir prêté serment au roi pour ce nouveau siége le 13 août suivant, il prit possession par procureur le 10 septembre, fit en personne son entrée solennelle à Nevers le 9 novembre de la même année, et publia le 15 du même mois un mandement pour annoncer sa prise de possession et l'ouverture du jubilé qu'il fixa au 28 novembre, premier dimanche de l'Avent. Profitant des exercices de ce jubilé, il fit aussitôt prêcher dans la cathédrale une mission qui produisit les fruits les plus consolants. Le temps utile pour gagner ce jubilé devait se terminer le 27 mai 1752, suivant la teneur de la bulle.

Jean-Antoine Tinseau, animé du même zèle qu'à Belley, entreprit plusieurs fois, pendant son épiscopat, la visite générale de son diocèse, tint des synodes en 1753, 1754, 1760 et 1761, en publia avec soin les statuts, et assista, comme député de la province ecclésiastique de Sens, aux assemblées du clergé de France en 1755, 1758, 1765, 1766, 1772 et 1780. Cette dernière assemblée le chargea même d'écrire au Souverain-Pontife Pie VI pour lui adresser des représentations respectueuses sur la manière dont certains ordres religieux avaient été supprimés.

En 1760, il fit construire le palais épiscopal actuel; deux ans plus tard, il remplaça par des prêtres séculiers les Jésuites qui enseignaient au collége et au séminaire. Le 1er avril 1764, il sacra dans la cathédrale de Nevers, Charles-Antoine-Gabriel d'Osmond de Médavy, évêque de Comminges; donna en 1770 une somme de dix mille francs pour les stalles et le pavé du chœur de Saint-Cyr; établit par un mandement du 4 avril 1777 dans son séminaire une retraite ecclésiastique annuelle, et fit la même année son testament qui dévoile tout ce que son cœur renfermait de piété, de charité et de dévouement. A part quelques legs en faveur de son Église et de quelques communautés religieuses de son diocèse, il institue pour son légataire universel l'hôpital général des pauvres de Nevers.

Au mois de juillet 1782, sentant ses forces s'affaiblir, ce bon prélat que ses vertus faisaient dès lors appeler *le vénérable*, demanda et obtint pour coadjuteur Pierre de Séguiran, vicaire général de Narbonne. Jean-Antoine Tinseau mourut à Nevers le mardi 24 septembre 1782, laissant la réputation d'un prélat plein de zèle et de charité.

Il ne laissa jamais passer un carême sans publier un Mandement pour l'instruction de ses diocésains. Nous en avons sous les yeux la collection complète qui forme un assez fort volume, in-4°. Les plus remarquables sont ceux du 8 janvier 1758, renfermant des avis sur la confession annuelle et le renvoi de la confession à Pâques; du 10 mai 1759, pour le jubilé universel; du 2 avril 1770 pour un autre jubilé universel, accordé par Clément XIV le 12 décembre précédent; du 1er janvier 1771 et du 17 janvier 1774 pour le carême de ces années, l'un et l'autre traitant de la lecture des mauvais livres; du 28 janvier 1775 renfermant une instruction sur l'excellence de l'Évangile; du 1er mai 1776 pour la publication du jubilé universel de l'année sainte promulgué par le pape Pie VII le 25 décembre précédent. Les autres Mandements que l'on puisse citer du vénérable prélat sont ceux du 13 janvier 1757 ordonnant des prières publiques pour le roi, après l'attentat de Damiens; du 21 juillet 1759, relativement aux visites du diocèse; du 27 juin 1756, relatif aux quêtes à faire dans l'étendue du diocèse pour la rédemption des captifs; du 22 mai 1774, qui ordonne des prières pour le repos de l'âme du roi Louis XV; du 20 août 1776, pour communiquer au clergé la déclaration du roi donnée à Versailles le 10 mars précédent, concernant les inhumations dans les églises; une touchante lettre du 2 septembre 1778, pour recommander à la charité des fidèles les paroissiens d'Héry et de Saint-Benin-des-Champs, éprouvés le 27 et le 30 août précédent par un incendie qui n'avait épargné que quelques maisons de ces villages; enfin, une lettre du 17 septembre 1779 pour ordonner le chant d'un *Te Deum* dans toutes les églises du diocèse en actions de grâces des avantages remportés par les troupes et les flottes du roi, sur celles d'Angleterre, en Afrique et en Amérique.

Il portait pour armoiries : *d'azur, au dextrochère naturel d'or, mouvant de senestre, chargé de trois branches d'olivier de sable, feuillées d'or*, et pour devise : *Humilia tene.*

101. — PIERRE VII DE SÉGUIRAN (1783-1789).

Né à Aix en Provence le 19 avril 1739, il était fils de Jean-Baptiste de Séguiran, avocat général à la cour des comptes de cette ville, et de Louise Fulque d'Oraison. Élevé chez les Pères de la Compagnie de Jésus, il entra plus tard dans leur société et ne l'abandonna qu'au moment de sa suppression. Mgr de Dillon, archevêque de Narbonne, le fit alors son vicaire général et le pourvut de l'archidiaconé de Corbières dans son église métropolitaine. Pierre obtint en 1769 le prieuré de Saint-Marcel au diocèse de Bourges, et, le 25 décembre 1775, l'abbaye de Landais au même diocèse.

Agréé par le roi comme coadjuteur de Nevers le 14 juillet 1782, de Séguiran ne fut sacré qu'après la mort de Mgr Tinseau, et cette cérémonie eut lieu le 5 janvier 1783 dans l'église paroissiale de Villejuif près de Paris. Le nouveau prélat prit possession du siége par procureur le 19 du même mois, et fit son entrée solennelle à Nevers le 17 avril suivant. La fondation d'écoles gratuites qu'il confia aux Frères des écoles chrétiennes, celle d'un petit séminaire, et l'établissement d'un bureau général d'aumônes à Nevers furent les premiers actes de son épiscopat. Pendant les misères qu'amena le rigoureux hiver de 1789, ses aumônes n'eurent plus de bornes, et quand il se privait lui-même pour venir au secours de son malheureux troupeau, la malveillance le représentait comme défavorable au peuple et luttant contre ses intérêts. Il est vrai que sa haute intelligence lui avait fait comprendre toutes les conséquences des innovations que l'esprit philosophique introduisait dans l'ordre social, et souvent il s'était élevé contre ces nouveaux systèmes. De là les pamphlets dirigés contre lui et les calomnies dont on poursuivit même sa mémoire.

De mensongères assertions répétées de nos jours à la légère par le rédacteur de l'*Annuaire de la Nièvre* pour 1845, furent alors répandues sur les circonstances de la mort de ce prélat. La Société nivernaise, dans son *Bulletin*, tome Ier, page 56, les a victorieusement réfutées, et voici les faits dans toute leur simplicité. Les élections pour les États généraux devaient avoir lieu le même jour, à Nevers et à Saint-Pierre-le-Moutier. Après avoir présidé les élections de Nevers, de Séguiran partit pour aller présider celles de Saint-Pierre; mais cette course précipitée lui occasionna une fluxion de poitrine. Après quelques jours de maladie, pendant lesquels il fit paraître une résignation admirable et une tendre piété, il mourut à Nevers le vendredi 3 avril 1789, et fut inhumé le 9 du même mois dans sa cathédrale.

Il portait pour armoiries : *d'azur, au cerf élancé d'or.*

102. — LOUIS-JÉROME DE SUFFREN DE SAINT-TROPEZ (1789-1796).

Il naquit en 1722 dans le diocèse d'Arles, et était fils de Paul de Suffren, procureur-joint de la noblesse de Provence, et de Hiéronyme de Bruny. Son frère fut le célèbre bailli de Suffren dont le nom est si célèbre dans les annales maritimes de la France. Destiné à la carrière ecclésiastique, il s'appliqua à acquérir par des études sérieuses toutes les connaissances qui pouvaient orner son esprit et son cœur. Après avoir été vicaire général de Marseille et prévôt de la collégiale de Saint-Victor de la même ville, il fut nommé par le roi le 9 juin 1764 à l'évêché de Sisteron, et préconisé pour ce siége dans le consistoire du 9 juillet suivant. Son sacre eut lieu le 30 septembre, et sa prestation de serment de fidélité au roi le 8 octobre de la même année. Ce prélat assista le 11 juin 1774 à Reims au sacre du roi Louis XVI, et fut nommé le 25 décembre suivant abbé commendataire de Mazan, au diocèse de Viviers.

L'épiscopat de Mgr de Saint-Tropez sera à jamais illustre dans les fastes de la commune et de l'Église de Sisteron. Ami des entreprises grandes et utiles, plein de dévouement pour le bien de ses diocésains, ce prélat conçut le projet d'un grand canal d'irrigation qui devait changer une plaine aride et stérile en une campagne délicieuse couverte de jardins, de prairies et de fleurs. Ces mêmes eaux qui, trop souvent avaient amené des dégradations et des désastres, devaient amener l'abondance et la richesse. Ce canal était possible, ce fut assez pour vouloir en réaliser l'exécution. Armé d'une volonté ferme et inébranlable, usant de toute son autorité, dédaignant les clameurs et les injures d'une population aveugle, il poursuivit courageusement son œuvre, vainquit tous les obstacles, surmonta toutes les difficultés et put enfin léguer aux générations futures ce monument de son amour et de son génie. On connaît cette parole admirable du prélat : « *Les pères me maudissent, les enfants me béniront.* » Jamais parole ne trouva un plus parfait accomplissement : l'œuvre achevée, le sentiment des obstacles et des débats s'est effacé, le bienfait seul a survécu et s'étendra sur l'avenir. La population bénit ce qu'elle avait outragé, et par sa reconnaissance, elle dédommage la mémoire du bienfaisant pontife des excès de ses ancêtres.

Déjà dans deux occasions solennelles, la ville de Sisteron a fait éclater ses sentiments de profonde gratitude; la première en élevant en 1824 dans ses murs un obélisque commémoratif de l'établissement du canal, obélisque chargé d'inscriptions en l'honneur de M. de Saint-Tropez et de ses zélés coopérateurs dans cette œuvre patriotique ; la seconde, en plaçant dans la principale salle de son hôtel-de-ville le portrait du prélat; la dénomination de canal Saint-Tropez donnée à cette construction est, au surplus, une protestation publique et éclatante des sentiments des habitants.

Le creusement de ce canal remonte à 1779. Le malheur des temps d'un côté, la translation de ce pontife au siége de Nevers d'un autre côté, ne permirent point à M. de Saint-Tropez d'exécuter plusieurs autres grands travaux qu'il méditait. Il n'a pas tenu à lui que la belle route qui relie aujourd'hui Manosque, Forcalquier et Sisteron, ne fut exécutée sous son épiscopat. C'est à ce titre qu'on a dit avec raison de cet évêque, qu'il était le *Turgot* de son diocèse.

Un autre fait marquant avait, déjà avant cette époque, signalé l'épiscopat de Mgr de Saint-Tropez, nous voulons parler de l'établissement d'une liturgie particulière à l'Église et au diocèse de Sisteron. Parmi toutes celles qui surgirent dans le cours du dernier siècle, la liturgie de Sisteron se faisait remarquer par une singulière alliance de la liturgie romaine avec les divers rits établis dans un grand nombre de diocèses en France, par la disposition des offices et par la forme du chant. Le Mandement qui prescrit l'usage du nouveau Bréviaire, à l'exclusion de tout autre, porte la date du 3 juin 1774. Ce ne fut toutefois qu'en 1777, qu'il fut généralement adopté, les lenteurs de l'exécution typographique en ayant retardé l'achèvement jusqu'à cette année. Le Missel sistéronéen ne fut imprimé qu'en 1785, ainsi que les livres *Graduels* et *Antiphonaires* pour lutrin. Une ordonnance de Mgr l'évêque de Digne a détruit il y a quelques années, et annihilé l'œuvre de Mgr de Saint-Tropez, en prescrivant la liturgie romaine dans le diocèse de Digne, comprenant aujourd'hui tout l'ancien diocèse de Sisteron.

Un évènement que l'histoire a consigné déjà dans ses annales marqua la dernière année de l'épiscopat de Mgr de Saint-Tropez à Sisteron. Ce prélat revenant de Pierrevert, près de Manosque, se rendait à son château de Lurs : arrivé aux portes de Manosque, il trouve une foule tumultueuse qui lui prodigue l'injure et la menace, l'accusant d'être l'auteur de la disette de grains qui se faisait déjà sentir et le vil associé d'un criminel accapareur. Sa voiture est entourée, ses chevaux dételés, le postillon retenu prisonnier. Une grêle de pierres assaillit la voiture dont les vitres sont brisées. L'évêque voit jaillir son sang de deux blessures, l'une à la tête, l'autre au bras. C'en était fait de lui si, à la nouvelle de cet attentat, plusieurs habitants honnêtes ne fussent accourus à son secours. Deux jeunes gens se dévouèrent entre tous les autres et couvrirent de leur corps la personne de l'évêque. Cependant les consuls de Manosque, les sieurs Lysautier et Nicolas, avertis de cette agression sauvage, accourent en toute hâte revêtus de leurs chaperons, et leur présence modère un peu l'impétuosité des assaillants. Ils trouvent Mgr de Saint-Tropez appuyé contre un mur, presque évanoui sous le coup de l'émotion et de la frayeur que lui avait causées cette scène de désolation. Le prélat, après quelques instants de repos, put s'acheminer jusqu'au village de Volx, où il trouva une voiture qui le ramena à Lurs. Triste destinée d'un pontife dont le cœur ne respirait que bienveillance et dont tous les actes ne tendaient qu'à l'amélioration de la condition du peuple ! Une commission du parlement d'Aix vint à Manosque avec 400 hommes des régiments de Lyonnais et de Vexin, pour instruire la procédure. Elle entendit des témoins, lança des mandats d'arrêt, dressa son rapport, mais la gravité des évènements politiques qui survinrent alors, ne permit pas de suivre cette affaire. Il est à croire cependant que ce ne fut pas là l'unique motif de l'abandon de la procédure. Mgr de Saint-Tropez, content d'avoir effrayé les coupables par une captivité préventive et par cet appareil de justice, sollicita probablement cette issue.

Le 9 mai 1784, il obtint l'abbaye de Saint-Vincent de Metz, et enfin au mois de juin 1789, fut appelé au siége épiscopal de Nevers pour lequel il fut préconisé le 3 du mois d'août. Il en prit possession par procureur le 7 septembre suivant et fit son entrée au mois de novembre de la même année. Mais dès l'année suivante, ayant refusé de prêter serment à la constitution civile du clergé, il se vit obligé de partir pour l'exil et se réfugia, en 1791, à Turin où il mourut le mardi 21 juin 1796 dans la 74e année de son âge et la 32e de son épiscopat. Son corps fut inhumé dans l'église métropolitaine de Saint-Jean-Baptiste.

Il portait pour armoiries : *d'azur, au sautoir d'argent cantonné de quatre mufles de léopard d'or.*

EVÊQUE CONSTITUTIONNEL.

GUILLAUME THOLLET ou TOLLET.

Né à Moulins-Engilbert le 12 août 1735, il était curé de Vandenesse au diocèse de Nevers, lorsque entraîné par faiblesse et par crainte plutôt que par malice, il prêta le serment exigé par le décret sur la constitution civile du clergé. Proclamé par les électeurs évêque constitutionnel de la Nièvre, le 23 février 1791, l'abbé Tollet fut sacré à Paris le 27 mars suivant par Gobel, évêque de Lydda, et installé à Nevers le 3 avril. Il conserva ses fonctions jusqu'au mois d'octobre 1792, époque à laquelle le culte cessa d'être payé par la nation.

Nommé administrateur du département, il ne put, malgré les preuves de patriotisme qu'il avait données, éviter d'être incarcéré, et ne recouvra sa liberté qu'après une longue enquête, le 27 avril 1794. Il se retira alors à Moulins-Engilbert au sein de sa famille, et fut nommé plus tard maire de la commune de Vandenesse. Au mois de mai 1796, il souscrivit à la seconde lettre encyclique dans laquelle les évêques réunis à Paris, soutenaient la légitimité de leur élection, assista en 1800 au prétendu concile métropolitain de Bourges tenu par les évêques *intrus*, et fut alors chargé de la rédaction d'un nouveau catéchisme.

Il se trouva en 1801 au conciliabule de Paris, et donna sa démission au mois de septembre de cette année. L'abbé Tollet qui, malgré sa soumission à la constitution civile, n'avait jamais quitté le costume ecclésiastique, ni rougi de l'Évangile, reprit les modestes fonctions de curé de Vandenesse, et mourut fort regretté de ses paroissiens le 8 août 1805. C'était un prêtre d'un commerce agréable, qui à beaucoup d'instruction, joignait non moins de piété. Ses paroissiens avaient tellement de confiance en ses lumières qu'ils le consultaient toujours avant de plaider, et, d'ordinaire, il était assez heureux pour maintenir la paix. L'abbé Tollet avait une petite pharmacie que ses connaissances en médecine lui permettaient d'utiliser en faveur des pauvres. Enfin, à défaut d'instituteur dont la commune de Vandenesse fut longtemps privée, il ne dédaignait pas d'en remplir les humbles fonctions dans des vues purement chrétiennes et tout à fait désintéressées.

Supprimé par le concordat du 15 juillet 1801, l'évêché de Nevers fut incorporé au diocèse d'Autun, et gouverné par les évêques de cette ville. Mgr Moreau, le premier d'entre eux, et ses successeurs, chargèrent l'abbé *Claude-Philibert Groult*, ancien vicaire général de Mâcon, de l'administration religieuse du département de la Nièvre. Cet excellent prêtre, mort à l'âge de 87 ans, le 19 août 1847, fonda à Nevers un certain nombre d'établissements utiles, et conserva ses fonctions de provicaire-général jusqu'à la prise de possession de Mgr Millaux en 1823 : car ce ne fut qu'en cette année que le siége épiscopal de Nevers fut occupé, bien qu'il eût été rétabli par une bulle du 27 juillet 1817, donnée en vertu du concordat conclu le 11 juin précédent entre le pape Pie VII et le roi Louis XVIII.

103. — JEAN X BAPTISTE-FRANÇOIS-NICOLAS MILLAUX (1823-1829).

Une ordonnance royale en date du 8 août 1817 nomma à l'évêché de Nevers Jean-Marie Cliquet de Fontenay, vicaire général de Bourges; mais ce prélat, avant d'avoir été sacré, fut en 1820 pourvu de l'archevêché de cette ville. Le gouvernement lui donna pour successeur Jean-Baptiste-François-Nicolas Millaux. Né à Rennes le 25 novembre 1756, il refusa de prêter serment à la constitution civile du clergé et fut obligé de s'exiler au commencement de 1792. Il rentra en France vers la fin de l'année 1800. En 1809, il devint supérieur du grand séminaire de Rennes, puis chanoine et vicaire général de ce diocèse. Appelé à l'évêché de

Nevers, il fut préconisé dans le consistoire du 17 mai 1823 et sacré le 6 juillet suivant dans la chapelle de Lorette, à Issy, par Mgr de Latil, évêque de Chartres, assisté de Mgr de Sagey, évêque de Tulle, et de Mgr Devie, évêque de Belley. Après avoir prêté serment de fidélité au roi le 14 du même mois, le nouveau prélat fit son entrée solennelle à Nevers le 31 juillet, et fut accueilli par ses diocésains avec une joie et un enthousiasme difficiles à décrire. Le 15 août, il publia un mandement pour l'installation du nouveau chapitre de la cathédrale.

Dans le peu de temps que Mgr Millaux gouverna le diocèse de Nevers, il montra beaucoup de zèle et d'activité, forma des séminaires et prit des mesures pour réparer les pertes du sacerdoce : car le diocèse de Nevers, réuni depuis tant d'années à celui d'Autun, était un de ceux où la disette de prêtres se faisait alors le plus sentir. Le 25 septembre 1827, il consacra la nouvelle église de Châteauneuf, présida le 9 octobre suivant dans le grand séminaire à l'ouverture de la retraite ecclésiastique. Il avait obtenu le 10 mars 1824 une ordonnance royale qui approuvait la réunion du titre curial de l'église cathédrale à son chapitre. En 1827, il permit aux sœurs de la Sainte-Famille de s'établir dans sa ville épiscopale, où l'année suivante les Ursulines prirent possession d'un nouveau monastère.

Ce bon prélat mourut à Nevers le jeudi 19 février 1829, à la suite d'une cruelle maladie qu'il supporta avec une admirable patience.

Il portait : *de gueules, à la croix alésée d'argent, au chef d'azur chargé d'une colombe d'argent tenant en son bec une branche d'olivier du même.*

104. — CHARLES III DE DOUHET D'AUZERS.

(1829-1834).

Il naquit le 11 mai 1771, d'une famille distinguée au château d'Auzers, dans le diocèse de Saint-Flour, et était le troisième fils de Jacques-François de Douhet d'Auzers, et de Marie-Charlotte de Saint-Chamand. Par sa mère, il se trouvait cousin-germain de Pauline de Meulan qui fut la première femme de M. Guizot.

Formé dès son bas âge à la piété, le jeune Charles reçut des inspirations religieuses qui se fortifièrent avec le temps et excitèrent sa vocation pour l'état ecclésiastique. Les orages qu'avait fait naître le délire révolutionnaire suspendirent ses projets au moment où il allait recevoir le sous-diaconat; mais dès que les circonstances le permirent, il rentra en 1806 au séminaire de Saint-Sulpice pour continuer la carrière où le ciel l'appelait. Élevé au sacerdoce, l'abbé d'Auzers revint dans sa famille en 1808, et exerça dans sa paroisse les fonctions du saint ministère, sans avoir cependant le titre de curé. En 1816, il fut nommé curé de Mauriac. Ce fut alors qu'on vit briller dans tout leur jour, les vertus qu'on avait déjà remarquées en lui au séminaire et dans la maison paternelle. Sa charité était sans bornes, il en donna des preuves éclatantes dans les tristes années de 1816 et 1817. L'année suivante, il eut le bonheur de ramener aux pratiques de la religion et même aux exercices de pénitence, le fougueux Jean-Baptiste Lacoste, avocat, député du Cantal à la Convention nationale, qui mourut à Mauriac le 13 août 1825. L'abbé d'Auzers fut nommé en 1822 chanoine, vicaire général, official et archidiacre d'Amiens, fonctions dans lesquelles il se fit remarquer par de rares talents en administration.

Une ordonnance royale du 15 avril 1829 l'appela à l'évêché de Nevers pour lequel il fut préconisé dans le consisfoire du 28 juillet suivant. Ses bulles ayant été reçues en la forme accoutumée, par une nouvelle ordonnance du 30 août, il fut sacré à Paris dans la chapelle du séminaire de Saint-Sulpice le 6 septembre de la même année par Mgr Hyacinthe-Louis de Quélen, archevêque de Paris, assisté de Mgr Claude-Joseph-Judith-François-Xavier de Sagey, ancien évêque de Tulle, et de Mgr Jacques-Louis de La Brue de Saint-Bauzille, évêque de Tempé *in partibus*.

A peine eût-il pris possession, qu'il obtint du gouvernement la restitution pleine et entière du palais épiscopal construit par ses vénérables prédécesseurs. Il mit tous ses soins à réparer les pertes du diocèse qui manquait de pasteurs. La sagesse présidait à toutes ses démarches, à toutes ses paroles, à toutes ses actions. C'est à elle qu'il dut le précieux avantage de mettre fin à des malheurs dont le cœur et peut-être la vie de son prédécesseur avaient souffert; c'est sa sagesse qui lui fit désapprouver hautement et même condamner ces mouvements passionnés qu'excitèrent en France des théories nouvelles qui s'annonçaient avec courage et talent, et qui promettaient avec tant de témérité de renouveler la face de l'Église et de changer l'avenir du sacerdoce. C'est sa sagesse qui, en mars 1832, délivra le diocèse des malheurs dont le menaçait l'intention criminelle de l'abbé Jean Roquefeuil, prêtre originaire du diocèse d'Albi, incorporé dans celui de Soissons et postérieurement dans le diocèse de Nevers. Cet ecclésiastique que M. de Douhet d'Auzers avait nommé le 1er septembre 1830 desservant de la succursale de Marzy, s'était, le 23 février 1832, à Paris, prêté à une cérémonie impie, par laquelle, en vertu d'un décret du 21 mai 1831, rendu par un sieur Bernard Raymond, se disant *prince des Apôtres*, *Souverain-Pontife et patriarche de la sainte Église du Christ*, *grand-maître de l'Ordre du Temple*, un sieur Jean-Baptiste Lhôte, prêtre schismatique du diocèse de Sens, se disant *évêque dans l'Église chrétienne*, *primat coadjuteur de la Lorraine*, avait prétendu le sacrer évêque de la *synodie* épiscopale de Nevers. Ce malheureux prêtre avait voulu donner à Nevers le spectacle ridicule dont l'Église française de l'abbé Châtel affligeait alors à Paris depuis trop longtemps la religion. M. d'Auzers, après s'être charitablement refusé à croire aux bruits répandus sur l'abbé Roquefeuil, en acquit la certitude et révoqua les pouvoirs de cet ecclésiastique, en lui interdisant toutes fonctions. Dans les conférences qu'il eut ensuite avec ce singulier compétiteur, il sut allier à propos la force à la douceur, les promesses aux menaces, la piété aux fortes raisons, de telle sorte que l'Esprit de Dieu semblait parler par sa bouche. Le prêtre infidèle ne put lui résister, et dès le 7 avril suivant, il souscrivit une rétractation qui lui fut dictée par le saint prélat, et qui ne causa pas moins de joie que de surprise au diocèse et à la France catholique, alors déchirée par de déplorables tentatives de schisme.

Sachant, mais sans faiblesse, se plier aux circonstances, Mgr d'Auzers fit preuve d'énergie et de fermeté, à la suite de la révolution de 1830, et se concilia l'estime et l'affection de ses diocésains par sa douceur, sa prudence et son éminente charité. Le dimanche 2 février 1834, il avait présidé au grand séminaire à la rénovation des promesses cléricales et assisté à tous les offices de la cathédrale. Rien ne faisait encore pressentir la maladie qui devait l'enlever de ce monde; mais le lundi soir, après s'être occupé toute la journée des soins de son administration, le vertueux prélat se sentit mal et fut obligé de se mettre au lit. Bientôt son état prit un caractère alarmant : une fluxion de poitrine s'était déclarée. Des prières furent ordonnées dans les paroisses de la ville et du diocèse pour la conservation d'une vie que les circonstances critiques où le siége de Nevers se trouvait alors placé, rendaient encore plus précieuse. Le prélat reçut le saint viatique, le jeudi 6, des mains de l'abbé Groult, vicaire général, en présence de son chapitre et du clergé auxquels il adressa quelques paroles pleines de cette haute piété qui le caractérisait. Le surlendemain, l'extrême-onction lui fut administrée; et le dimanche 9 février, à deux heures et demie du matin, il s'endormit du sommeil des justes.

Par une coïncidence remarquable, on lut ce même jour dans les chaires des églises du diocèse son Mandement pour le carême de 1834. Les premières paroles de ce Mandement sont tristes et solennelles : elles traitent de la mort, de la vanité des grandeurs et de la figure du monde qui passe; puis, comme si l'œil prophétique du pieux pontife eut pénétré les ténèbres de l'avenir, il recommande à tout son troupeau une grande patience dans les tribulations et dans les calamités; enfin, son dernier mot est celui-ci : *Dieu lui-même essuiera vos larmes...* Ces exhortations adressées en présence de la mort, ces touchants adieux émurent vivement les fidèles. La crainte de la suppression du siége épiscopal de Nevers avait rempli d'amertume les derniers jours de Mgr de Douhet-d'Auzers, et il n'épargna rien pour détourner le malheur qui menaçait son diocèse. Le vénérable évêque laissa par testament tout ce qu'il possédait aux pauvres, son argent, ses meubles, ses vêtements, etc. Le 9 février 1835, anniversaire de la mort de Mgr d'Auzers, son Oraison funèbre fut prononcée par M. l'abbé Lavernhe, vicaire général, aujourd'hui chanoine titulaire de Nevers.

Ce prélat portait pour armoiries : *Ecartelé, au 1er et au 4e, d'azur, à une tour d'argent, maçonnée de sable; au 2e et au 3e, de gueules, à une licorne acculée d'argent.*

105. — PAUL NAUDO (1834-1842).

Il naquit le 22 octobre 1794 aux Angles (Pyrénées-Orientales) d'une famille originaire d'Espagne, où son bisaïeul avait appartenu à la haute noblesse, sous le titre de duc de Vène. Destiné dès son plus bas âge à l'état ecclésiastique, il fit ses études avec les plus brillants succès dans un des colléges du département de l'Aude, et suivit ensuite les cours de théologie au grand séminaire de Carcassonne où, après avoir été ordonné prêtre en 1818, il demeura en qualité de professeur jusqu'en 1824. Mgr de Saunhac-Belcastel, évêque de Perpignan, son ordinaire, le rappela à cette époque dans son diocèse lors de sa reconstitution et lui confia la direction de son grand séminaire. L'abbé Naudo n'en continua pas moins de professer la théologie, plus la physique et l'astronomie. Au commencement de 1820, il avait été nommé chanoine honoraire de la cathédrale de Carcassonne ; il devint successivement à Perpignan chanoine titulaire, grand-vicaire honoraire et enfin en 1833 vicaire général agréé par le gouvernement.

Une ordonnance royale du 22 juin 1834 l'ayant désigné pour le siége épiscopal de Nevers, il fut préconisé dans le consistoire du 30 septembre et sacré à Paris le 9 novembre suivant dans la chapelle des Dames de Saint-Michel par Mgr Hyacinthe-Louis de Quelen, archevêque de Paris, assisté de Mgr Jacques-Marie-Adrien-Césaire Mathieu, archevêque de Besançon, et de Mgr Charles de Forbin-Janson, évêque de Nancy. La réception de ses bulles avait été autorisée par ordonnance royale du 30 octobre, et il avait prêté serment entre les mains du roi le 4 du même mois de novembre. Il fit son entrée solennelle à Nevers le jeudi 11 décembre, et la veille avait publié une lettre pastorale, où, après avoir payé un tribut d'éloges à son vénérable prédécesseur, il témoignait une humble frayeur à la vue du fardeau qui lui était imposé. Il rappelait aussi les inquiétudes qu'avait eues récemment le diocèse de Nevers, menacé dans son siége épiscopal. Cette lettre dans laquelle il exhortait les fidèles à la reconnaissance envers les prêtres vertueux qui se vouent à les guider dans les voies du salut, se terminait par une invocation à la Mère de Dieu, sous la protection de laquelle le prélat se mettait, lui et son diocèse. Sa conduite ne tarda pas à lui concilier dans le diocèse l'estime et l'affection des hommes de tous les partis.

Il obtint le 26 de ce même mois de décembre une ordonnance royale qui autorisait la translation du petit séminaire de Nevers, à Corbigny, dans une ancienne abbaye de Bénédictins.

C'est à lui que la ville de Clamecy dut son salut dans une grave circonstance. A l'apparition du nouveau système des nouveaux poids et mesures, en avril 1837, la ville s'était remplie de tumulte et les esprits d'égarement; déjà deux fois l'ordre avait été troublé, quatre mille ouvriers flotteurs et paysans étaient prêts à combattre contre un bataillon d'infanterie et huit escadrons de cavalerie; les autorités civiles et militaires sont impuissantes. Mgr Naudo, au péril de sa vie, va seul trouver les insurgés, à sa voix, ils déposent les armes, et tout cède à la puissance désarmée de la religion.

Aux élections de 1838, il ne fut pas moins heureux en s'interposant entre un électeur et le préfet de la Nièvre, M. Badouix, qui avait reçu publiquement cette injure pour laquelle Louis XIII avait prescrit la peine du talion, en présence de témoins, après un an de prison. Obéissant plutôt à l'inflexible point d'honneur qu'aux lois de l'Évangile, M. Badouix ne tendit point l'autre joue, et un duel allait s'ensuivre, lorsque Mgr Naudo, par son entremise bienveillante, parvint à empêcher toute effusion de sang.

Par une ordonnance royale en date du 30 avril 1836, il fut nommé chevalier de la Légion d'honneur. Une ordonnance épiscopale qu'il rendit le 10 mars 1838, établit dans le diocèse de Nevers les conférences ecclésiastiques, foyer d'études, de zèle et d'union parmi le clergé. Grâce à son crédit ou à ses libéralités, on exécuta d'importantes réparations à la tour de la cathédrale, aux églises de Saint-Révérien, de Corvol-d'Embernard et de Donzy.

Transféré à l'archevêché d'Avignon le 15 juin 1842, Mgr Naudo fut préconisé pour ce siége et obtint le pallium dans le consistoire du 22 juillet suivant. En peu de temps, ainsi qu'il avait fait à Nevers, il mit son nouveau diocèse au rang le plus distingué dans les états de services rendus à l'œuvre sainte de la Propagation de la foi, soutint les communautés religieuses, et, par ses soins, un grand nombre d'églises sortirent de leurs ruines ou de leurs fondements.

Le 23 avril 1848, jour de Pâques, les destins de la France tombaient dans l'urne du scrutin; ce jour-là, par une crainte superflue, mais délicate, d'offenser qui que ce fût, il s'abstint de son droit de voter en recommandant à son clergé le devoir qui lui incombait, et alla dans son église métropolitaine jeter dans la balance le sang de l'Agneau de paix. Après la communion, il tomba pour ne plus se relever, frappé d'une apoplexie foudroyante. Mgr Naudo avait accompli la veille ses cinquante-trois ans et six mois.

Il portait pour armoiries : *d'azur, à une ancre d'argent, au chef cousu de gueules chargé de trois croix alésées d'argent.*

106. — DOMINIQUE-AUGUSTIN DUFÊTRE (1842-1860).

Il naquit à Lyon d'une honnête famille de négociants le 17 avril 1796 sur la paroisse de Saint-Jean. Ses dispositions pour l'état ecclésiastique se manifestèrent dès l'âge le plus tendre, d'une manière si évidente que le cardinal Fesch voulut lui donner la tonsure le 21 mai 1807, quoiqu'il n'eût encore que onze ans. Le jeune clerc fit ensuite ses études classiques en partie à Lyon, en partie à L'Argentière, et obtint en juillet 1812 le diplôme de bâchelier ès-lettres. A l'âge de 19 ans, après avoir terminé son cours de théologie au grand séminaire de Saint-Irénée, il fut chargé d'occuper une chaire de rhétorique et de diriger l'école cléricale de Saint-Just et d'Aisney. Ce fut pendant son professorat, que Mgr Dubourg, alors évêque de la Nouvelle-Orléans et depuis archevêque de Besançon, lui conféra en 1817 le sous-diaconat.

A cette époque, les goûts du jeune Dufètre pour la prédication n'étaient déjà plus un mystère, et, avec l'autorisation de ses supérieurs, il prêcha dès 1818 le carême à Saint-Just et en même temps dans la paroisse de Vaize. Admis en novembre de cette année dans la maison des Chartreux de Lyon, dirigée par M. l'abbé Bochard, il y reçut la prêtrise en mars 1819, et depuis ce moment, se voua tout entier à l'œuvre des missions et des retraites. Il donna d'abord le carême de 1819 dans l'église même des Chartreux, puis la retraite de Montbrison qui fut suivie de celle de Saint-Chamond en 1820, la mission de Bourg cette même année, et en 1821, celle de Saint-Etienne. Cependant la maison des Chartreux fut dissoute : le jeune missionnaire fut nommé vicaire à Saint-Polycarpe de Lyon, mais comme ce nouveau ministère ne pouvait suffire à son zèle, bien qu'il prêchât constamment dans la ville et dans les environs, il obtint de ses supérieurs l'autorisation de suivre l'attrait qu'il éprouvait pour le ministère apostolique, et, vers le milieu de 1822, il partit avec quelques autres missionnaires au nombre desquels était M. l'abbé Donnet, aujourd'hui cardinal. Ils évangélisèrent successivement Blois, Vendôme, Chinon, Bourgueil, Amboise, Loches, Montrésor, Tours, etc.

Au mois de novembre 1824, Mgr du Chilleau, archevêque de cette dernière ville, le nomma son premier vicaire général; quelques jours après, ce prélat mourait et son successeur, Mgr de Montblanc, déjà son coadjuteur, conserva ce titre à M. l'abbé Dufètre, et lui témoigna la même confiance jusqu'à sa mort arrivée au mois de mars 1842. Malgré les nombreuses occupations que lui apportait chaque jour l'administration d'un grand diocèse, il n'abandonna point le ministère de la parole sacrée, prêcha en 1828 à Bourges, donna le carême à Orléans en 1830, à Angers en 1832, à Nantes en 1833, à Bordeaux en 1834, à Saint-Roch de Paris en 1835, à Toulouse en 1836, à Marseille en l'église de Saint-Martin en 1837, à Metz en 1838, à Rouen en l'église de Saint-Ouen et en même temps à Louviers en 1839, à Paris, à Saint-Thomas d'Aquin et à Bonne-Nouvelle en 1840, enfin à Saint-Nizier de Lyon en 1841. On a peine à croire à tant d'activité, ce qui ne l'empêcha point de visiter de 1829 à 1840 une partie de l'Europe, et de prêcher encore de nombreuses retraites pastorales, notamment à Clermont en 1832 et à Nevers en 1837.

Mgr Donnet, devenu archevêque de Bordeaux, lui donna des lettres de vicaire général.

Une ordonnance royale du 13 septembre 1842 appela l'abbé Dufêtre au siége épiscopal de Nevers, et comme la retraite que cinq ans auparavant, il y avait prêchée, avait laissé des impressions ineffaçables dans l'esprit du clergé, la nouvelle de sa nomination causa une joie générale ; de toutes parts on adressa à Dieu de sincères actions de grâces ; l'espérance publique ne fut pas trompée. Le 30 octobre suivant, il assistait à la translation d'un bras de saint Augustin, de Pavie à Bône, et dans cette circonstance prononça le panégyrique du saint Docteur, dans le lieu même qui avait retenti de ses éloquentes paroles plus de quatorze siècles auparavant. Ne pouvant plus contenir les sentiments qui débordaient de son âme, il fit de cette voix puissante qui remplissait les plus vastes voûtes de nos cathédrales, retentir les collines d'Hippone de son amour et de son admiration pour Augustin. Il demanda au grand évêque de lui obtenir les grâces de l'épiscopat qu'il allait bientôt recevoir, et il en plaça es travaux sous les auspices de son nom. Ce fut en mémoire de cette touchante cérémonie que Mgr Dufêtre ajouta le nom d'Augustin à celui de Dominique qu'il avait reçu autrefois sur les fonts sacrés du baptême. Préconisé dans le consistoire du 27 janvier 1843, il fut sacré le 12 mars suivant, à Lyon, dans l'église primatiale de Saint Jean, par S. Em. Mgr le cardinal Louis-Jacques-Maurice de Bonald, archevêque de cette ville, assisté de Mgr François-Auguste-Ferdinand Donnet, archevêque de Bordeaux, et de Mgr Philibert Bruillard, évêque de Grenoble. Le 21 du même mois, le nouveau prélat fit son entrée dans sa ville épiscopale.

Peu après son arrivée, il convoqua un synode diocésain, le premier tenu en France depuis la révolution de 1789, et renouvela plusieurs fois depuis ces saintes assemblées. Dans celle de

1848, fut créé le tribunal de l'officialité diocésaine. Le 4 juillet 1843, il fit la consécration solennelle de l'église de Donzy. Le 15 septembre suivant, il publia un *Mandatum de sacramento pœnitentiæ et casibus reservatis*, et dans une circulaire du 7 décembre de la même année, donna quelques avertissements relatifs à ce *Mandatum*. Il y recommanda en outre la formation d'un registre paroissial où les curés consigneraient l'histoire de leur paroisse, en remontant aussi haut qu'ils le pourraient. Mgr Dufêtre joignit à sa circulaire un tableau des renseignements que chaque curé était invité à remplir, et la réunion de ces tableaux équivaudrait à une statistique ecclésiastique du diocèse. C'était là une idée aussi heureuse que facilement réalisable. Favorisant et dirigeant le mouvement imprimé dans le diocèse aux études archéologiques, il eut le bonheur de voir ses efforts couronnés de succès, et, grâce à son impulsion, on éleva et l'on restaura un grand nombre d'églises parmi lesquelles on peut citer celles de la Maison-Dieu, de la Celle-sur-Nièvre, de Decize, de Colméry, de Saint-Léger du Fougeret, de Marzy, etc.

Par un mandement spécial, Mgr Dufêtre avait fixé au lundi, 22 juin 1846, le service funèbre qui devait être célébré à Nevers pour le repos de l'âme de N. S. P. le pape Grégoire XVI, décédé le 1er de ce mois. La veille de ce jour, la nouvelle officielle de l'élection du nouveau Souverain-Pontife arriva à Nevers, mais ne fut connue que d'un petit nombre de personnes. Le lendemain, après avoir célébré la messe pontificale, le prélat dépouilla ses ornements de deuil, prit ceux des jours de grandes fêtes, monta en chaire, apprit aux fidèles étonnés l'élection de Pie IX, exprima avec émotion ses sentiments de vénération et d'amour pour le 259e successeur de saint Pierre, et annonça qu'en mémoire de ce grand événement, le jour prochain de la fête du Prince des Apôtres, il officierait de nouveau pontificalement, et se réserverait la consolation de prêcher à vêpres. Il entonna ensuite, du haut de la chaire, le *Te Deum* que toute l'assistance chanta avec allégresse. Les principales autorités de Nevers s'étaient fait un devoir d'assister à cette cérémonie commencée dans le deuil et terminée dans la joie.

Mgr Millaux avait fait rédiger pour le Bréviaire Parisien adopté à Nevers depuis 1803, un supplément Nivernais dont on se servit jusqu'en 1846. A cette époque, Mgr Dufêtre le fit retoucher et imposa définitivement la liturgie parisienne, dans le diocèse, se fondant pour légitimer autant que possible cette mesure, sur certaines décisions verbales du nonce apostolique à Paris, et une sorte de consentement tacite du Saint-Siége, *vu les circonstances*. Au reste, cet établissement de la liturgie parisienne dans le diocèse de Nevers, tout étrange qu'il pût paraître, était vraiment un bienfait, si l'on considère sa situation liturgique à ce moment. Voici en effet comment M. l'abbé de Cossigny, vicaire général de Nevers, l'exposait dans une lettre insérée dans le journal l'*Univers* du 3 février 1847 : « Le diocèse de Nevers comprend 292 paroisses qui, presque toutes, se servent du rit parisien. Ce n'est que dans les parties du chant qu'il règne une grande variété; 183 paroisses suivent le rit parisien; 45 le rit auxerrois, 30 le rit nivernais, 18 le rit autunois, 6 seulement le rit romain, et les autres, différents rits particuliers. » Cette division si bizarre s'explique tout naturellement. Lorsque le Concordat du 15 juillet 1801 décréta une nouvelle organisation de siéges épiscopaux en France, les nouvelles Églises, suivant dans leur circonscription celle des départements formés en 1790, se trouvaient pour la plupart composées de la réunion de territoires appartenant avant la Révolution, à des Églises différentes. Chaque partie apportait donc les coutumes, les usages, la liturgie particulière de l'ancienne Église dont elle se trouvait détachée. Ainsi, dans un grand nombre de diocèses, il résultait qu'on pouvait rencontrer jusqu'à cinq, six, sept et huit liturgies; c'était une véritable anarchie. Nous verrons tout à l'heure que la liturgie subit un nouveau et sans doute dernier changement sous Mgr Dufêtre.

C'est à Mgr Dufêtre qu'on doit la division actuelle du diocèse en deux archidiaconés : l'archidiaconé de Nevers et l'archidiaconé de Bethléhem, en souvenir du siége épiscopal qui a subsisté à Clamecy depuis le XIIe siècle jusqu'en 1790, six archiprêtrés : Nevers, Decize, Cosne, La Charité, Clamecy et Château-Chinon, et dix-neuf doyennés (1). Il fut l'un des Pères du concile provincial de Sens, qui s'ouvrit le 2 septembre 1850. Par une lettre pastorale en date du 11 avril 1852, il annonça à son clergé son départ pour Rome, afin de déposer aux pieds de l'illustre Pie IX l'hommage de son dévouement filial, de lui faire part de l'état

(1) Les dix-neuf doyennés sont les suivants : Saint-Amand, Donzy, Pouilly, Frémery, Brinon-les-Allemands, Corbigny, Lormes, Tannay, Varzy, Saint-Benin-d'Azy, Fours, Lucenay (canton civil de Dornes), Saint-Pierre-le-Moutier, Pougues, Châtillon Luzy, Montsauche, Ouroux, Moulins-Engilbert.

de son diocèse et de connaître ses volontés pour s'y conformer. Mgr Dufêtre, accompagné de M. l'abbé Crosnier, son premier vicaire général, quitta Nevers le 21 de ce mois, et, le 2 mai suivant, arriva à Rome. Le 24 mai, après avoir reçu plusieurs fois de la part du Saint-Père, les témoignages les plus vifs d'affection, et d'abondantes bénédictions pour lui et pour son diocèse, il se remit en route pour la France et rentra à Nevers le 19 juin, animé d'un nouveau zèle pour le salut de son troupeau.

Nous avons vu tout à l'heure qu'en 1847, six paroisses seulement dans tout le Nivernais avaient conservé le rit romain. Dès cette époque cependant, on comptait parmi les prêtres de la Nièvre, un certain nombre de chauds partisans de la liturgie romaine; quelques-uns récitaient même le Bréviaire romain; de plus, le mouvement jusque-là progressif de la liturgie parisienne s'était tout à coup ralenti, et depuis 1830 on remarquait une tendance bien prononcée pour le romain. Mgr Parisis, évêque de Langres et plus tard d'Arras, avait pris l'initiative en rétablissant dans le premier de ces diocèses en 1839 la liturgie de l'Église-Mère, et les exhortations de Grégoire XVI et de Pie IX avaient contribué aussi à propager ce mouvement. Mgr Dufêtre ne voulut point rester en arrière, et sur l'invitation expresse qui lui avait été adressée à Rome par le Saint-Père et pour se conformer d'ailleurs aux décrets du concile provincial de Sens auxquels il avait souscrit, il rendit, le 12 juillet 1853, une ordonnance qui prescrivait que la liturgie romaine serait définitivement rétablie dans le diocèse de Nevers, à dater du premier dimanche de l'Avent de cette année, et interdisait à dater du 1er janvier 1854, tous autres livres liturgiques que les livres liturgiques romains.

Ce même jour, il célébrait dans le chœur de sa cathédrale un synode diocésain qu'il avait indiqué par une lettre pastorale du 10 avril précédent. Le jeudi 16 juin, il avait béni la première pierre de la maison du noviciat des Sœurs de la Charité sur l'emplacement de l'ancienne chapelle de Saint-Gildard.

Le samedi 14 juillet 1855, sur l'invitation de Mgr Régnier, archevêque de Cambrai, Mgr Dufêtre consacra l'église paroissiale de Saint-Jacques, à Douai. Ce même jour, s'ouvraient dans cette ville les fêtes du Jubilé séculaire du miracle du Saint-Sacrement. L'évêque de Nevers prêcha dans Saint-Pierre pendant l'octave, et en présence de l'immense concours de fidèles qui se pressaient pour entendre sa parole, il lui arriva plusieurs fois de prêcher à quatre reprises dans la même journée.

Le 4 août suivant, il publia un Mandement pour entretenir le clergé et les fidèles du diocèse de la construction d'une église en l'honneur de l'Immaculée Conception, église à laquelle il donna le nom de Sainte-Marie du Peuple, à l'imitation de celle qui est connue à Rome sous le nom de *Santa-Maria del Popolo*. Il consacra cette église le 30 avril 1857, et ce jour-là, il voua son diocèse à la Très-Sainte Vierge.

Le 14 juin 1856, il assista à Paris au baptême du Prince Impérial, et le 7 septembre suivant, à Autun, à la translation solennelle des reliques de saint Lazare. Le 21 septembre 1858, il bénit et consacra, sous l'invocation de Notre-Dame-du-Morvan, la chapelle construite par les soins de M. Dupin aîné, sénateur, sur la montagne du Banquet, en face du château de Raffigny. Le 12 octobre suivant, il assistait le cardinal Donnet, archevêque de Bordeaux, dans la cérémonie de la translation des reliques de saint Clair, à Lectoure.

Dès son entrée dans le diocèse, il avait embrassé toutes les misères physiques et morales de la société; il en avait compris les besoins. Non content d'avoir réorganisé l'association des Dames de charité en faveur des pauvres, la portion de son troupeau qui avait le plus de droits sur son cœur, il forma en 1843 l'établissement des Petites-Orphelines dont il s'était constitué le père. L'année suivante, il jeta les premiers fondements de l'établissement de Varennes où sont admises les grandes orphelines, c'est-à-dire, celles qui ont atteint l'âge de douze ans, et depuis cet âge jusqu'à vingt ans; il y joignit une maison de retraite pour les Sœurs de la Charité de Nevers que l'âge ou les infirmités obligent au repos, puis dans une autre aile du bâtiment complètement indépendante, un refuge pour les filles repenties. En 1844, il voulut compléter son œuvre par de nouveaux corps de bâtiment pour les jeunes détenus, qui auraient achevé de se perdre dans les prisons.

En 1848, il fondait à ses frais le petit séminaire de Pignelin transféré de Corbigny par décret du 11 avril 1849, établissait à Corbigny un noviciat de Frères de la doctrine chrétienne de Vézelize et un pensionnat primaire pour la classe nombreuse des fermiers de ces contrées. Cet établissement si prospère fixa depuis les regards du gouvernement, qui a consenti à y adjoindre l'école normale départementale. Mgr Dufêtre avait compris que les Sœurs de la Charité devaient se multiplier, puisque les besoins et les misères des pauvres devenaient plus impérieux, et soudain, on vit sortir de terre ces gigantesques constructions qui couronnent le plateau de Saint-Gildard. Dans la plupart de ces pieuses entreprises, l'Etat et le département, par des allocations annuelles, ont témoigné combien étaient appréciés le zèle et le dévouement de ce charitable pontife.

Ces œuvres si variées ne nuisaient en rien aux autres fonctions de son ministère : il visitait régulièrement toutes les paroisses de son diocèse, faisait partout entendre la parole sainte, et comme on l'a vu, son zèle n'était point encore satisfait. On le voyait parcourir les diocèses de France, tantôt pour prêcher ces retraites pastorales qui attiraient un si nombreux clergé autour de sa chaire, tantôt pour donner des conférences, tantôt pour faire entendre sa puissante parole aux populations réunies dans des solennités extraordinaires. Lille, Cambrai, Douai, Verdelai, Gand, Liesse, Boulogne, etc., l'entendirent avec bonheur.

Une forte constitution, une santé qui résistait à toutes les fatigues semblaient le mettre pour longtemps encore à l'abri des maladies et des infirmités. Tout à coup, dans le cours de l'année 1859, à la suite d'une double retraite qu'il prêchait à Toulouse, des crises d'oppressions se déclarèrent : il avait prêché huit fois dans la même journée par une chaleur accablante. Depuis ce moment sa santé alla toujours s'affaiblissant. Malgré les soins les plus dévoués et les plus intelligents, le mal fit des progrès que rien ne put arrêter, et le 27 août 1860, on put croire sa dernière heure arrivée. Cependant, après avoir reçu ce jour-là les derniers sacrements, une amélioration sensible ne tarda pas à se manifester. L'espérance qu'on avait conçue ne fut pas de longue durée : on s'aperçut bientôt que le mal reprenait sa course rapide. On ne croyait pas cependant que la mort dut être soudaine. Le mardi 6 novembre 1860, à six heures et demie du matin, le prélat demanda à se lever; on l'habilla, il se mit sur son fauteuil, mais presque aussitôt les signes les plus graves annoncèrent sa fin prochaine. Un ami dévoué qui, depuis un an, ne le quittait presque pas, put cependant lui administrer les derniers sacrements, et il rendit à Dieu son âme si pleine de zèle pour sa gloire et pour le salut des hommes, laissant une mémoire vénérée, des œuvres qui ne périront pas, et un testament qui restera comme une des plus belles pages de sa vie. Il avait choisi pour légataire universel M. l'abbé Crosnier, son vicaire général, et laissé ce qu'il possédait à ses séminaires, aux orphelines, à toutes les œuvres qu'il avait fondées et aux pauvres de son diocèse et de sa ville épiscopale.

Les funérailles de Mgr Dufêtre eurent lieu le 13 novembre et furent présidées par S. E. Mgr le cardinal Donnet, archevêque de Bordeaux, assisté de Mgr Mellon Jolly, archevêque de Sens, de Mgr de Dreux-Brézé, évêque de Moulins, et de Mgr Fruchaud, évêque de Limoges. Son corps fut descendu dans le caveau destiné à la sépulture des évêques de Nevers, et son cœur déposé le lendemain dans le sanctuaire de Saint-Gildard, maison-mère des Sœurs de la Charité et instruction chrétienne de Nevers, dont il était le supérieur et à laquelle il avait témoigné un dévouement spécial.

On consultera avec intérêt : *Eloge funèbre de M. Dufêtre, évêque de Nevers, prononcé le jour de ses funérailles*, le 13 novembre 1860, *dans la cathédrale de cette ville*, par S. Em. le cardinal Donnet, archevêque de Bordeaux, *Nevers, imprim. de Fay*; 1860, in-8°. — *Oraison funèbre de Mgr Dufêtre prononcée le jour anniversaire de sa mort*, par l'abbé Cortet, *Nevers*, *imprim. de Fay,* 1862, in-8°. — *Circulaire de Mgr Forcade, évêque de Nevers à l'occasion de l'anniversaire de la mort de Mgr Dufêtre*, Nevers, 1861, in-8°.

Parmi les nombreux Mandements de Mgr Dufêtre, nous citerons une circulaire qu'il adressa le 24 juin 1860 à son clergé, relativement à un rapport fait par M. Dupin aîné, au Sénat, sur une pétition concernant les congrégations ou associations religieuses. Il y relève de nombreuses erreurs, et fait justice des accusations non moins mal fondées du sénateur, son diocésain.

Chevalier de la Légion d'honneur par ordonnance royale du 1er octobre 1843, M. Dufêtre fut promu officier de l'ordre, par décret impérial rendu à Quimper le 13 août 1858. Il portait pour armoiries : *d'azur, au chien courant d'argent tenant à la gueule un flambeau allumé d'or, au chef cousu de gueules, chargé de trois étoiles d'argent*, et pour devise : *Quid volo nisi ut accendatur*.

107. — THÉODORE-AUGUSTIN FORCADE (1860).

Monseigneur Théodore-Augustin Forcade, évêque actuel de Nevers, est né le 2 mars 1816, à Versailles (Seine-et-Oise), ainsi qu'il résulte de l'acte suivant inscrit sur les registres de l'état civil de cette ville :

« Extrait du registre des actes de naissance de la ville de Versailles, pour l'année 1816.

» Du dimanche trois mars mil huit cent seize, six heures du soir, acte de naissance de Théodore-Augustin Forcade, né le deux du courant, à deux heures du soir, fils du sieur Auguste-Louis Forcade, employé à la préfecture, demeurant boulevard de la Reine, 35, et de Augustine-Joséphine-Alexandrine Giroust, son épouse. Le sexe de l'enfant a été reconnu être masculin. Premier témoin : Pierre-Louis Pilmé, employé, avenue de Paris, 4, âgé de trente-sept ans; second témoin : Jean-Baptiste Marchand, commis, avenue de Paris, 4, âgé de soixante-dix-neuf ans. Sur la réquisition à nous faite par le dit Forcade, père de l'enfant, et ont signé après lecture faite. Constaté suivant la loi par nous, adjoint à la mairie de Versailles, faisant par délégation les fonctions d'officier public de l'état civil.

« Forcade. — Pilmé. — Marchand. — Pioche, adjoint. »

Après de bonnes études au séminaire de Versailles où il fut élevé au sacerdoce, M. Forcade fut pendant un an environ chargé de la chaire de philosophie au grand séminaire et exerça ensuite le saint ministère dans une paroisse du diocèse que la vieillesse et les infirmités du curé titulaire avaient mise dans un triste état sous le rapport religieux. Il parvint à raviver la foi dans cette commune, et tout brûlant de zèle pour le salut des âmes, résolut de se consacrer aux pénibles labeurs de l'apostolat dans les contrées infidèles. Il entra donc au séminaire des Missions étrangères et s'embarqua en décembre 1842 pour les missions de l'extrême Orient. Simple prêtre, il aborda le 30 avril 1844 à Lieou-Kieou, accompagné d'un catéchiste chinois appelé comme lui Augustin, et qui sortait tout récemment des prisons de Canton où il avait été écroué pour la foi. Après un refus formel qui dura trois jours, les mandarins leur permirent enfin de débarquer le 3 mai, et on leur fit tout d'abord subir un emprisonnement dans une bonzerie où on les avait placés. Le missionnaire et son compagnon, impatients d'annoncer la bonne nouvelle, forcèrent bientôt la consigne et franchissant les portes de leur prison, voulurent se promener dans la ville et à la campagne. Les autorités locales les firent alors accompagner de soldats, chargés de faire partout sur leur passage, fermer les portes des maisons, éloigner les curieux et interdire toute communication entre eux et les habitants du pays.

Malgré ces précautions, malgré la surveillance exercée autour de lui, M. Forcade sut en moins de six mois la langue de cette contrée, mais à quoi lui servait-elle puisqu'il ne pouvait en faire l'usage pour lequel il l'avait apprise? Il lui était expressément défendu d'adresser la parole au peuple, et de son côté, le peuple, sous les peines les plus sévères, avait défense de l'écouter. Les malheureux païens se retiraient à son approche comme saisis d'effroi et terrifiés par les édits des mandarins. Telle fut la vie de M. Forcade pendant deux années.

Le 1er mai 1846, vingt et un coups de canon apprirent au missionnaire solitaire qu'un navire français mouillait en rade et qu'il allait enfin être secouru. C'était l'amiral Cécille qui avait reçu du gouvernement l'ordre de visiter Lieou-Kieou, le Japon, la Corée et le Nord de la Chine. En quittant Lieou-Kieou, l'amiral emmena avec lui M. Forcade qui, sur la désignation de la Congrégation de la Propagande, avait été nommé, par bref du 27 mars 1846, évêque de Samos *in partibus infidelium* et vicaire apostolique du Japon. Le jeune prélat devait se rendre en Chine pour y recevoir l'onction épiscopale et revenir ensuite à Lieou-Kieou. Deux mois lui paraissaient suffire à ce voyage, mais Dieu disposait les choses autrement. Arrivé à Chu-San, il n'y trouva point ses bulles, mais un missionnaire, l'abbé Matthieu Adnet, ancien vicaire de Verdun, lui annonça qu'elles ne pouvaient tarder. M. Forcade envoya alors ce missionnaire à Lieou-Kieou pour y tenir compagnie à l'abbé Pierre-Marie Leturdu, missionnaire apostolique de la Congrégation des Missions étrangères, qu'il avait laissé dans ces îles et alla se faire sacrer à Hong-Kong en Chine. Cette cérémonie eut lieu le 21 février 1847. Son intention était de revenir à la bonne mousson tenter de nouveau d'annoncer la parole divine aux peuples que Rome l'avait chargé d'évangéliser, mais des événements inattendus l'appelèrent en Europe et l'y retinrent plusieurs années.

Une bulle du 27 septembre 1850 avait érigé un évêché à la Basse-Terre, et formé ce nouveau diocèse de l'île de la Guadeloupe et de ses dépendances. Le premier évêque, Mgr Pierre-Gervais Lacarrière, après deux années d'épiscopat, se vit, pour des motifs de santé, obligé de donner sa démission. Un décret impérial du 6 avril 1853 lui donna pour successeur Mgr Forcade qui fut préconisé pour ce siége dans le consistoire du 12 septembre de cette année. Dans l'intervalle, et comme évêque nommé, il se trouva au concile provincial de Bordeaux tenu en juillet à La Rochelle. Le 7 août suivant, il assista Mgr Menjaud, évêque de Nancy, dans la cérémonie du sacre de Mgr Vital-Honoré Tirmarche, évêque d'Adras *in partibus*, laquelle eut lieu dans la chapelle du palais des Tuileries. Quelques jours auparavant, il avait été élu président d'honneur du comité catholique constitué à Paris pour les pèlerinages de Jérusalem et aux autres sanctuaires de la Terre-Sainte.

Parti de Brest le 2 décembre 1853 sur la corvette *la Fortune*, Mgr Forcade arriva en rade de la Basse-Terre le 13 janvier 1854, après une traversée de quarante-trois jours, y compris un séjour à Ténériffe. La population tout entière se porta sur le rivage, et le prélat ne tarda pas à mettre le pied sur cette terre de la Guadeloupe dont Dieu confiait la sanctification aux vertus du missionnaire pieux. Toutes les magnificences du culte s'ajoutèrent aux magnificences de la nature et au pieux concert d'une joie universelle pour célébrer, par un ardent et affectueux accueil, l'arrivée de son chef spirituel, qui débarquait en même temps que M. le capitaine de vaisseau Bonfils, nouveau gouverneur de la Guadeloupe et de ses dépendances. Après le chant du *Te Deum*, Mgr Forcade reçut sur son trône l'obédience de son clergé, puis, du haut de la chaire, il fit entendre à son peuple une solide et touchante instruction sur *la paix*.

Les sept années qu'il passa dans le gouvernement de ce diocèse furent fécondes en résultats spirituels pour la colonie. Il se fit représenter par M. l'abbé François-Alexandre Bouquier, archiprêtre de la Basse-Terre, au concile provincial de Bordeaux tenu à Périgueux du 3 au 10 août 1856, et se trouva le 25 août 1858 aux obsèques de Michel Vesque, évêque de Roseau (Dominique) et prononça l'oraison funèbre de ce prélat dont l'épiscopat avait été si court. Mgr Forcade fit un voyage en France pour assister au quatrième concile de la province de Bordeaux qui se réunit à Agen du 8 au 18 septembre 1859, et prit part le 11 de ce mois à la consécration de l'église de Notre-Dame de Bon-Encontre faite par S. Ém. le cardinal Donnet et les autres Pères du concile.

A cette époque, il était question déjà d'appeler Mgr Forcade à un siége épiscopal du continent, cela résulte d'une lettre que lui adressa, le 16 juillet 1860, le cardinal son métropolitain, en réponse à celle qui lui annonçait la nouvelle de la mort de Mgr Porchez, évêque de Fort-de-France, dont Mgr Forcade avait prononcé l'oraison funèbre.

« Vous avez été, Monseigneur, dit le cardinal, le digne interprète de la douleur publique, dans les paroles si bien inspirées et si vivement senties que vous avez fait entendre en présence du cercueil de votre vénérable collègue. J'ai beaucoup aimé la délicate pensée que vous avez eue d'associer le souvenir de Mgr le Herpeur à celui de Mgr Porchez, et l'apostrophe de la fin aux montagnes de la Martinique : *Montes Gelboe, nec ros, nec pluvia veniat super vos.*

» Je vous fais mon sincère compliment, et je désire que la voix qui pleure si bien dans les funérailles et qui a résonné avec tant d'éloquence dans notre dernier concile, puisse bientôt se faire entendre dans quelqu'une des cathédrales du continent, car je travaille à vous y ramener.....

» J'ai appris avec bonheur, Monseigneur, votre heureuse arrivée à la Guadeloupe. Ce sont les vœux et les prières de vos enfants qui vous ont arraché aux abîmes entr'ouverts pendant plusieurs heures, et vous ont ramené doucement au port. »

Le siége de Nevers étant devenu vacant par le décès de Mgr Dufêtre, un décret impérial du 11 décembre 1860 appela Mgr Forcade à succéder à ce prélat. Préconisé dans le consistoire du 18 mars 1861, il prêta serment de fidélité entre les mains de l'Empereur le 28 avril suivant et fit son entrée solennelle à Nevers le 16 mai de la même année. Par une attention aussi délicate que touchante, le prélat voulut, en ce jour de son installation, faire asseoir à sa table vingt pauvres de la ville.

A l'occasion de la prise de possession de son siége, il publia une lettre pastorale qui fut lue dans toutes les églises du diocèse et où l'on remarquait le passage suivant :

« Qui peut aujourd'hui prévoir quels sacrifices n'exigeront pas de nous tôt ou tard, soit les intérêts de notre Église particulière, soit ceux de l'Église entière. Les lueurs sinistres dont le ciel se rougit, ne présagent-elles pas assez clairement la tempête ? Et quand la tête est menacée, quel est le membre du corps, surtout, parmi les membres supérieurs, qui puisse s'estimer sans danger? Jamais peut-être ne fut-il plus vrai de dire avec saint Augustin : « qu'il n'est rien en cette vie, mais principalement en ce temps, de plus difficile, de plus laborieux et de plus périlleux que la charge d'un évêque.

» Priez Dieu, nos très-chers frères, d'alléger ces difficultés, ces labeurs et ces périls de notre charge, en mettant un terme aux épreuves de son Église, aux trop longues et trop cruelles afflictions de notre souverain Pasteur et Père. Mais il entrait dans les desseins de la Providence que le fardeau nous devînt plus pesant encore, obtenez-nous du moins la force d'en soutenir le poids. Que des chaînes, des tribulations nous attendent, il n'importe, pourvu que n'en redoutant aucune, et que n'estimant pas notre vie plus que notre âme, nous achevions notre course et nous accomplissions le ministère que nous avons reçu du Seigneur Jésus. »

Presque aussitôt il tint à connaître son nouveau diocèse. Le 23 juin, il visita Fourchambault et s'y trouva le 26 de ce mois, à la fête des forgerons. Après une allocution aux ouvriers en métaux, appropriée à la circonstance, le prélat fit un appel chaleureux à la charité de l'assemblée, en faveur des victimes d'un ouragan terrible, qui, quatre jours auparavant, traversant le département de la Nièvre de l'Est à l'Ouest, avait ravagé les cantons de Moulins-Engilbert, de Fours et de Luzy. Le 30, il publia un Mandement qui ordonna une quête générale et des prières publiques dans tout le diocèse pour les victimes de ce désastre. Le 2 juillet, il bénit une nouvelle église construite à La Celle-sur-Loire.

Lorsque le Souverain-Pontife publia le 8 décembre 1864 la célèbre Encyclique *Quanta cura*, on sait que le 1er janvier 1865, M. Baroche, ministre de la justice et des cultes, écrivit aux évêques de France pour leur annoncer que le Conseil d'État était saisi de l'examen d'un projet de décret tendant à autoriser la publication dans l'Empire d'une partie seulement de l'Encyclique. On sait aussi quelle unanimité montra l'épiscopat français, en présence des entraves mises par le gouvernement à la parole du Saint-Père. Voici la lettre qu'adressa au Ministre l'évêque de Nevers :

« Nevers, le 10 janvier 1866.

» Monsieur le Ministre, avant de répondre à la lettre que Votre Excellence m'a fait l'honneur de m'adresser le 1er de ce mois, j'ai voulu d'abord me recueillir devant Dieu; et cette dépêche ayant été immédiatement reproduite par tous les échos de la presse, j'ai ensuite essayé de me rendre compte de l'impression qu'elle produisait sur mon clergé.

» Aujourd'hui, Monsieur le Ministre, j'ai le profond regret d'être obligé de vous dire que nous sommes tous autant effrayés qu'affligés. Nous ne craignons rien pour l'Église. Elle a des promesses d'immortalité; mais ces promesses ne sont que pour l'Église.

» Que Dieu me préserve, Monsieur le Ministre, de blesser même légèrement le principe d'autorité, qui n'est déjà que trop ébranlé, et qu'il me garde aussi d'offenser personnellement Votre Excellence, qui, par sa bienveillance à mon égard, s'est acquis tant de droits à ma reconnaissance. Mais votre haute loyauté reconnaîtra elle-même en quels embarras nous nous trouvons placés, nous qui sommes les successeurs des Apôtres, et qui ne pouvons oublier qu'en des circonstances toutes semblables l'Esprit-Saint ne leur inspira pas d'autre réponse et ne leur traça pas d'autre règle de conduite que celle-ci : *Obedire oportet Deo magis quam hominibus.*

» Je suis avec respect, etc.

» † AUGUSTIN, *évêque de Nevers.* »

Dès le 6 janvier, l'évêché de Nevers avait adressé au *Journal de la Nièvre* la lettre suivante :

« Nevers, le 6 janvier 1865.

» Monsieur le Rédacteur,

» Je lis dans le premier numéro de votre journal que, pour nterdire la publication de deux documents qui accompagnent l'Encyclique du Saint-Père, *le Gouvernement se base sur les droits qu'il tient du Concordat.*

» Permettez-moi de vous faire observer, Monsieur le Rédacteur, que vous tombez ici dans une erreur qui est certainement involontaire, mais qu'il me semble important de rectifier.

» En agissant ainsi, le Gouvernement se base sans doute sur la loi du 18 germinal an X, généralement connue sous le nom d'articles organiques; mais il ne se base pas sur le Concordat, dont aucun article ne lui confère un semblable droit.

» C'est à tort qu'on confond souvent les articles organiques avec le Concordat : ces deux actes sont d'une nature bien différente. Le Concordat est une convention ou un contrat entre le Saint-Siége et le Gouvernement français; les articles organiques, qui n'ont pas été concertés avec le Saint-Siége et qui n'en ont jamais été acceptés, constituent simplement une loi française.

» Il en résulte que le Concordat oblige également les deux parties contractantes, mais que les articles organiques ne peuvent créer pour le Saint-Siége aucune obligation.

« Perdre de vue cette distinction dans les circonstances présentes, exposerait au danger d'égarer les esprits et de fausser les consciences sur des questions dont personne ne peut méconnaître la gravité. C'est pourquoi j'ose espérer que vous voudrez bien insérer cette rectification dans votre prochain numéro.

« Agréez, etc. » COINTE, *chancelier de l'évêché.* »

Mgr Forcade adressait en même temps à son clergé et à ses diocésains un Mandement portant en substance, une adhésion complète à l'enseignement du Souverain-Pontife dont heureusement la parole n'est point enchaînée, prouvant que les meilleurs catholiques en France sont les meilleurs Français, que le Pape est indignement calomnié, sa doctrine honteusement travestie, que du reste, il faut avoir confiance aux promesses divines du Sauveur, et qu'ainsi que le remarquait parfaitement saint Jean Chrysostome : « Sans cesse attaquée, l'Église est sans cesse victorieuse; toujours environnée d'embûches, toujours elle en sort à son avantage, et plus les embûches se multiplient autour d'elle, plus elle gagne de terrain. »

En 1865, un désastre épouvantable vint frapper la Guadeloupe, la métropole s'émut et l'épiscopat fit appel à la charité des fidèles. Un comité de dames fut chargé, sous la présidence de Mgr Forcade, de réunir et centraliser les secours à donner aux victimes, et l'Impératrice daigna prendre ce comité sous son haut patronage. L'évêque de Nevers apporta à cette œuvre, qui concernait son ancien diocèse, un zèle et un dévouement admirable. Plusieurs fois, il eut l'honneur d'être reçu en audience particulière par Sa Majesté l'Impératrice qui s'informait avec la plus grâcieuse sollicitude des résultats déjà obtenus. En mars 1866, elle témoigna à Mgr Forcade toute sa satisfaction et le chargea d'en transmettre l'expression aux dames patronesses, en leur annonçant qu'elle faisait don de deux lots à la loterie qui venait d'être organisée à ce sujet, l'un offert en son nom, et l'autre en celui du Prince Impérial.

Le 13 mars de cette année, Mgr Forcade se faisait un devoir d'assister aux obsèques de Mgr Louis Parisis, évêque d'Arras.

Outre des Mandements, des Lettres pastorales et des Circulaires pour les diocèses de la Basse-Terre et de Nevers, on a de ce prélat dans le tome XVIII des *Annales de la Propagation de la Foi*, année 1846, pages 363-383, une *lettre* écrite à M. Libois, procureur des missions étrangères à Macao, et datée de Lieou-Kieou, le 12 août 1845.

Prélat assistant au trône pontifical, chanoine d'honneur des diocèses d'Amiens et de la Basse-Terre, chevalier de grâce de l'Ordre Constantinien des Deux-Siciles qu'il a été autorisé à porter par décret impérial du 21 décembre 1858, et commandeur de l'Ordre royal de l'Étoile polaire de Suède le 17 mai 1861, Mgr Forcade a été fait chevalier de la Légion d'honneur par décret impérial du 11 août 1859. Il porte pour armoiries : *Ecartelé, au 1er, de gueules, au lion d'or; au 2e, coupé, au 1er, losangé d'argent et de gueules, au 2e, de gueules, au lion passant d'or; au 3e de l'écu, d'argent, à la bande fuselée de gueules; au 4e, d'argent, à deux épées de sable passées en sautoir*

PRÉVOTS DE L'ÉGLISE DE NEVERS.

1. — Léodegan, souscrivit en janvier 894, à une charte de l'évêque Francon.

2. — Flotier, mentionné dans une charte de Roclène, évêque de Nevers, depuis 980 jusqu'en 997.

3. — Emard, sous le même évêque, 998 et 1001.

4. — Ebrard, cité dans les chartes de l'évêque Hugues II de Champallement, en 1016 et 1031, est peut-être le même que Émard. Le Nécrologe marque sa mort au 26 août.

5. — Widon ou Gui, 1032.

6. — Hugues, mentionné dans une charte de l'évêque Hugues II donnée en 1045 en faveur de l'abbaye de Cluny. Les biens du chapitre ayant été dilapidés, Hugues résigna la charge et la dignité de prévôt entre les mains de Hugues II de Champallement, à la condition que les revenus de la prévôté seraient consacrés à l'entretien des chanoines. Le prélat y consentit, et le pape Léon IX confirma cette transaction dans un concile tenu à Verceil en 1050.

DOYENS.

1. — Geoffroi de Champallement était doyen en 1045, devint évêque d'Auxerre en 1052, et mourut le 16 septembre 1076, comme on le voit au Nécrologe.

2. — Hugues Ier, neveu de Hugues II de Champallement, évêque de Nevers, et de Geoffroi, évêque d'Auxerre, plaça en 1063,

avec le consentement de Hugues, son oncle, des chanoines de Saint-Silvestre dans le monastère de Saint-Étienne. En 1068, il concéda, de concert avec l'évêque Mauguin, l'église de Saint-Étienne à l'Ordre de Cluny, monta sur le siége épiscopal de Nevers en 1074, et mourut le 23 novembre 1091.

3. — WIBODE ou GUIBAUD est mentionné, comme doyen, en 1080 et 1083.

4. — PIERRE, 1089. Le Nécrologe dit en parlant de lui : *Le 5 août, Pierre, doyen, mourut en se rendant à Jérusalem.*

5. — TÉTERIUS ou TÉTIER, 1100.

6. — PONCE, cité avec le titre de doyen dès le 25 juin 1103, mourut le 19 octobre 1104, dans la Terre-Sainte, où il s'était rendu par dévotion.

7. — FROMOND souscrivit à une charte du comte Guillaume faisant remise des dépouilles des évêques à la mort d'Hervé, en 1110. Il répara l'abbaye de Saint-Martin qu'avaient jadis détruite les Vandales, y prit l'habit religieux, en fut abbé, devint évêque de Nevers en 1121, et mourut le 29 novembre 1145.

8. — HUGUES II signa une charte de Fromond, précédent doyen devenu évêque de Nevers, datée de 1141, en faveur des moines de Saint-Étienne. Il y a des auteurs qui distinguent deux doyens du nom de Hugues, dont le premier, Hugues Olivier, se serait fait religieux de l'Ordre de Cluny, à l'abbaye de Saint-Étienne, vers l'époque de la mort de l'évêque Fromond, et dont l'autre aurait été présent à la réparation que Guillaume, fils du comte de ce nom, devenu chartreux, aurait faite en 1159, aux chanoines de Saint-Cyr, à la suite des dommages que son armée leur avait causés.

Hugues sanctionna, le 11 février 1160, la décision prise en assemblée capitulaire contre les chanoines qui devaient certains cens au chapitre et ne les payaient pas.

9. — THIBAUD. De son temps, le comte Guillaume accorda comme son père, aux chanoines, la permission de vendanger quand ils le voudraient. Il fut présent à l'acte du comte Gui, lequel, en 1171, confirmait la propriété des biens que le comte Guillaume avait concédés au monastère de Saint-Étienne. Thibaud assista à la donation que ce même comte fit en 1173 à l'évêque Bernard de Saint-Saulge, de la châtellenie de Prémery, et en 1174, il se trouva également à la vente du fief de La Charité, vente qui fut faite par le comte Gui aux religieux de Cluny

qui habitaient ce territoire. Thibaud devint évêque de Nevers en 1177, et mourut le 25 avril 1189.

10. — JEAN est mentionné en 1180 dans des chartes de Saint-Etienne, et, de 1182 à 1188, dans d'autres chartes de l'évêque Thibaud. Jean monta sur le siége épiscopal de Nevers en 1189.

11. — ARNOUL est cité, comme doyen de Nevers, en 1190 et en 1193.

12. — B..... se trouve mentionné, en 1198, dans des chartes du chapitre. C'est peut-être lui qui, dans le concile tenu à Sens en 1198, fut suspendu de ses fonctions par Pierre, cardinal-légat du Saint-Siége, à cause de l'hérésie manichéenne des poplicains qu'il favorisait, et invité à se mieux conduire désormais. S'il en est ainsi, le doyen dont il s'agit ici, avait nom Bernard.

13. — H....., doyen sous l'épiscopat de Guillaume de Saint-Lazare, concilia en 1209 M..., abbé de Châteaudun et le prieur de Nogent. Il approuva, de concert avec tout le chapitre, un échange fait par l'évêque Gervais de Châteauneuf, avec G., abbé de Saint-Laurent, en juillet 1222. Dans cet acte d'approbation, ce doyen est nommé Hugues.

14. — RAIMOND est mentionné dans une charte donnée en janvier 1228 par le comte Gui et son épouse Mathilde. Le Nécrologe qui en parle au 6 octobre, dit qu'il fut archidiacre de Paris, après avoir été doyen de Nevers.

15. — ADAM, cité en 1240 et en 1250 dans des chartes d'Auxerre, est noté dans le Nécrologe au 29 décembre et au 26 avril.

16. — SIMON était doyen en 1278. En 1290, il fit un règlement relatif aux sept vicaires qui, chaque jour, devaient chanter les petites Heures dans la cathédrale.

17. — ODON OU EUDES, 1301.

18. — JEAN DE MEULAN que la *Gallia christiana* nomme à tort *Jean Mandevillain*, était doyen au mois de septembre 1332 d'après les registres de la Chambre des comptes ; il devint évêque de Meaux le 26 novembre 1334, fut transféré au siége épiscopal de Noyon en janvier 1351, et passa, en février 1352, à celui de Paris, où il mourut de la peste le 22 novembre 1363.

19. — OUDARD DE FONTENAY, doyen de Nevers et maître des requêtes de la maison du roi en 1348.

20. — BERNARD DE MAGAUD, doyen en 1366.

21. — GUILLAUME DE MARTELET. Le pape Clément VII lui adressa, le 7 janvier 1386, ainsi qu'à Milon, évêque de Beauvais,

une bulle pour l'achat du collége de Dace, à Paris, en faveur des Frères du Mont-Carmel. Ce doyen devint évêque de Bethléhem en 1395, et mourut en 1402.

22. — Pierre de Nodet, 1396 et 1400.

23. — Nicolas de Vitry, 1406.

24. — Renaud de Fontaines, professeur de théologie et doyen de Nevers, fut en 1419 ou 1420 l'exécuteur testamentaire de Bernard de Chevenon, évêque de Beauvais.

25. — Robert Thenon, doyen en 1447, mourut en 1455.

26. — Jean de Bastard est mentionné en 1459.

27. — Laurent de Linard vécut à la cour romaine et fut délégué par le Saint-Siége, le 19 août 1462, comme juge et comme exécuteur de l'indult qui autorisait Guillaume Fillâtre à visiter par procureur son diocèse de Tournai.

28. — N. Carré. Le Parlement de Paris donna contre lui un arrêt en décembre 1468.

29. — Pierre Caron fut aussi sous-chancelier de Sainte-Geneviève, mourut le vendredi 23 janvier 1478 et fut enterré dans la nef de cette église.

30. — Jean le Bourgoing mourut en 1484.

31. — Jean de Nevers, bâtard de Jean de Bourgogne, comte de Nevers, fut élu par compromis le samedi 30 octobre 1484 et mourut le jeudi 29 mai 1488, ou, selon d'autres, le mercredi 1er octobre de la même année.

32. — Imbert de La Platière, sous-diacre, prieur de Saint-Eloi et conseiller au Parlement de Paris, était doyen en 1488 et 1506, fut évêque de Nevers en 1512.

33. — François de Clèves fut nommé chanoine et doyen par le pape Léon X en 1513. Il vivait encore en 1523.

34. — Charles de Clèves, 8 juillet 1525.

35. — François le Bourgoing, doyen de Saint-Cyr, prieur commendataire de Saint-Étienne de Nevers par la cession de son frère Léonard le Bourgoing, était doyen de l'Église de Nevers en 1531. Gui Coquille, qui était allié à la famille de Bourgoing, a dit en parlant de lui : « *Nous avons vu en nos jeunes ans messire François le Bourgoing, doyen de Nevers, excellent en savoir, prudhommie et sainteté.* Gui Coquille était né en 1523, et ses expressions annoncent que ce doyen, respectable par ses talents et par ses vertus, était déjà d'un âge un peu avancé. On doit donc porter sa naissance dans les dernières années du XVe siècle.

36. — Gui de Fontenay succéda au précédent on ne sait en quelle année.

37. — Guillaume de Paris, seigneur des Philippières, mourut le 19 février 1578.

38. — Jean de Roffignac se démit en faveur du suivant en 1613 et mourut en 1614.

39. — Michel Paulet prit possession le 16 décembre 1613 et mourut subitement le 4 juin 1643, jour de la Fête-Dieu.

40. — Charles de Roffignac se démit en 1653 au profit du suivant.

41. — Jean-Henri Bogne, bienfaiteur du chapitre et de l'Hôtel-Dieu de Nevers, mourut le 6 février 1693, et fut inhumé dans le cimetière de cette maison.

42. — Jean Pinet mourut subitement en 1707.

43. — Nicolas Moquot d'Agnion fut d'abord archidiacre de Decize, devint ensuite doyen de Nevers et cessa de vivre en juin 1712.

44. — Jean de Bèze, chanoine de Saint-Cyr, termina sa carrière le 1er juillet 1730.

45. — Louis-Marie Dollet de Sollières, élu par les chanoines en juillet 1730, fut désigné par le roi pour l'abbaye de Bellevaux le 3 juillet 1737, et termina sa carrière en 1756.

46. — François Mouchet de Villedieu, né au château de Villedieu, diocèse de Bourges, le 20 novembre 1731, fut élu doyen et vicaire général de Nevers en 1756 aussitôt après avoir reçu la prêtrise, devint maître de l'oratoire de M. le comte d'Artois et fut nommé en février 1784 à l'évêché de Digne, et abbé de Foresmontier, au diocèse d'Amiens. Préconisé pour ce siége le 25 juin suivant, il fut sacré le 18 juillet de la même année et prêta serment au roi le 21 de ce mois. Sur son refus d'obéir à la constitution schismatique du clergé, il se vit obligé d'abandonner son siége et de quitter la France. Après la conclusion du concordat, il persista à ne point donner sa démission et ne rentra en France qu'avec Louis XVIII en 1814. Depuis longtemps déjà dans un état de santé affligeant, il mourut à Paris le dimanche 10 août 1823 et fut inhumé dans le cimetière de Vaugirard, où son épitaphe indique qu'il fut pendant trente-neuf ans évêque de Digne.

47. — François de Damas de Crux. Fils de Louis-Alexandre Damas de Crux, dit le comte de Damas, baron de Demain et de la Collancelle, mort le 6 septembre 1763, et de Marie-Louise de Menou, il naquit au château de Crux en 1740, fut élu doyen en

1784 après avoir été trésorier du chapitre, était en même temps vicaire général du diocèse, abbé d'Élan, au diocèse de Reims depuis 1784 et fut dépouillé de sa dignité par la Révolution. Il mourut en son hôtel, rue du Doyenné, à Nevers le 4 mars 1829, à l'âge de 89 ans.

Les Bénédictins, auteurs de la *Gallia christiana*, donnent la nomenclature de quelques doyens qui ont occupé cette charge à une époque que l'on ne connaît point d'une manière précise, ou dont l'existence est même chronologiquement incertaine. Ce sont :

— TÉTIER (*Teterius*). Il souscrivit en 968 à une charte de l'évêque Natran; mais il n'était pas alors doyen de Nevers, par la raison qu'il y avait à la tête du chapitre un prévôt, et non un doyen. Il donna, avec son neveu, aux chanoines de Saint-Cyr, pour l'entretien de ceux-ci, un alleu situé dans la vicairie de Gigny et dans le village de Tanlay. Moréri le qualifie de simple clerc de l'Église de Nevers, mais M. de Sainte-Marie l'indique comme ayant été doyen en 980. On lui doit une Relation des miracles de saint Cyr et de sainte Julitte, relation qu'il écrivit peu après la seconde translation des reliques de ces saints. Il y a consigné les miracles arrivés à Nevers aussi bien que ceux arrivés à Auxerre. Il ne nous reste plus que la préface de cette Relation conservée dans les *Acta Sanctorum* du 1er mai et du 16 juin. Les Bollandistes en parlent avec estime. L'inscription ou l'intitulé de cette préface donne à Tétier le titre de *sophiste*, parce que sans doute il joignait à l'étude de l'éloquence celles de la morale et de la philosophie. Dans cette préface, il se qualifie *serviteur* des saints dont il écrit les miracles, c'est ce qui pourrait faire croire qu'il était un des prêtres chanoines, chargés du soin de desservir la chapelle où leurs reliques étaient déposées. Aucun autre bibliographe ecclésiastique n'a parlé de Tétier.

— HUGUES DE CHATEAU-RENARD mort, d'après le Nécrologe, le 23 mars.

— RAOUL, mort le 16 avril.

— HENRI DE CHATILLON fut le bienfaiteur du chapitre et mourut le 6 mai.

— HUGUES, décédé le 31 juillet.

— LÉTALD OU LÉTAUD, 13 août.

— BERNARD D'AZY, inscrit au Nécrologe le 3 octobre et le 1er novembre.

— ARNOUL CHAUDERONS, mentionné le 8 novembre.
— ADAM DE CORVOL.
— GUI, cité au 11 novembre.
— GILBERT, mort le 31 décembre.
— ELIRAN.
— RENAUD OU RAINAUD.

ABBAYES DU DIOCÈSE DE NEVERS.

Il y a eu très-anciennement, dans le diocèse de Nevers, des abbayes dont le nom seul nous est resté. Sous l'épiscopat de saint Jérôme (795-815), une longue série de guerres désastreuses mit cette Église, comme nous l'avons dit, dans le plus déplorable état : les sanctuaires furent pillés, les monastères dévastés, la cathédrale ruinée, et les pauvres réduits à une affreuse misère. A la prière de ce pieux prélat, Charlemagne ordonna la restitution de tous les biens ecclésiastiques.

Jonas, successeur de saint Jérôme, imita son zèle et répara bien des désastres, grâce à la munificence de Louis le Débonnaire.

L'évêque Hériman (849-860) obtint, de Charles le Chauve, la confirmation des biens et des priviléges que Pepin le Bref, Charlemagne et Louis le Débonnaire avaient accordés à l'Église de Nevers. Il fonda le chapitre de son église cathédrale, établit seize chanoines dans l'abbaye de Saint-Martin, leur assigna des revenus, plaça des moines dans le monastère de Saint-Anien et des religieuses dans celui de Saint-Genès, et leur permit d'élire leur abbé ou leur abbesse.

Sous l'évêque Abbon II, Adélard, curé de Magny, fit confirmer par Charles le Chauve dans un concile tenu à Troyes, le 25 octobre 867, les donations accordées par ce même prince en 858 à l'église de Saint-Vincent de Magny.

Le roi Louis le Bègue, en 878, approuva ce que son père avait fait en cette circonstance. Carloman restitua à l'église de Saint-Cyr de Cours-sur-Loire située dans la vicairie de Parigny-la-Rose et possédée depuis longtemps en bénéfice par des étrangers. L'empereur Charles le Gros, à la prière de Guillaume, comte de Nevers, soumit en 886, à la cathédrale de Saint-Cyr l'oratoire de Saint-Révérien. A la même époque, ce prince confirma à l'Église de Nevers les abbayes de Saint-Martin hors les murs de la ville, de Saint-Trohé, de Saint-Arigle, de Saint-Sauveur, les églises de Saint-Loup-des-Bois et de Saint-Gildard, de Saint-Franchy, de Saint-Vincent de Magny, de Cours-sur-Loire, l'abbaye de Saint-Genès et de Notre-Dame, celle de l'île Gall, celle de Glandon, la celle de Saint-Didier placée hors de l'enceinte de Nevers, mais y attenant; l'abbaye de Saint-Père en Morvan, et le monastère de Saint-Patrice entre la Loire et l'Allier. Ces derniers actes eurent lieu sous l'épiscopat d'Emmène ou Eumène.

En 1028, l'évêque Hugues II de Champallement accrut les médiocres ressources de son chapitre en lui accordant la cure de Saint-Trohé-les-Nevers et tout ce qui en dépendait, avec le consentement du chanoine prévôt Evrard ou Eberhard qui, à titre de bienfait, en avait le fief. Il accorda aussi alors au même chapitre l'église de Saint-Franchy. En 1044, les chanoines témoignèrent de leur reconnaissance en donnant à ce prévôt l'abbaye de Saint-Trohé pour en jouir sa vie durant.

L'année suivante, Hugues II de Champallement octroya à saint Odilon, abbé de Cluny, pour y établir la règle, le prieuré de Saint-Sauveur qui, par suite d'un relâchement de la discipline, en était venu à ne plus compter un seul religieux.

Hugues III de Champallement concéda, le lundi de Pâques 6 avril 1075, à l'église de Saint-Cyr, l'abbaye de Saint-Vincent et de Saint-Arigle, que son oncle Geoffroi, évêque d'Auxerre, tenait de lui, et que le père de cet oncle avait ruiné par ses dilapidations. Ce même prélat donna l'église de Saint-Loup-des-Bois et de Saint-Gildard à ses chanoines qui la concédèrent canoniquement à celle de Saint-Laurent-des-Aubats et de Saint-Hilaire par l'entremise de l'abbé Donigon qui fut chargé d'y établir des clercs réguliers, sous l'épiscopat de Gui, successeur immédiat de Hugues III de Champallement.

Enfin Fromond, évêque de Nevers de 1121 à 1145, réunit dans le seul monastère de Notre-Dame les religieuses de Saint-Arigle, de Saint-Laurent, de Saint-Trohé et de Saint-Genès qui, sans doute, ne pouvaient vivre convenablement de leurs minces revenus.

L'abbaye de Saint-Victor, située dans le faubourg de Nevers, remontait à une haute antiquité et était très-riche dans les premiers temps de son origine; mais peu à peu le relâchement s'y introduisit et la barbarie des siècles finit par la réduire à néant. Elle fut donnée en 1085, à l'Ordre de Cluny, avec le consentement de Guillaume, comte de Nevers.

Outre ces anciennes abbayes, le diocèse de Nevers en a possédé trois, ainsi qu'un prieuré, qui ont existé jusqu'à la révolution française, savoir :

Le prieuré de Saint-Étienne (Ordre de Saint-Benoît);
L'abbaye de Notre-Dame, du même Ordre.
Saint-Martin (Ordre de Saint-Augustin);
Bellevaux (Ordre de Prémontré).

SAINT-ÉTIENNE.

Dédié à la Sainte Vierge et à saint Étienne, premier martyr, ce monastère fut fondé par saint Colomban, abbé de Luxeuil, dans le faubourg de Nevers pour des religieuses. A l'époque de l'évêque Hugues II de Champallement, il se trouvait dans un tel état de dégradation par suite des guerres, des incendies, et des calamités qui avaient désolé le pays, que ce prélat en fit donation le 5 mars 1064 aux chanoines réguliers de Saint-Silvestre, à la condition que ceux-ci y rétabliraient le culte divin. Cet acte de Hugues II fut confirmé le 17 août de cette année au concile de Châlon-sur-Saône et promulgué le 8 septembre suivant dans l'église même de Saint-Étienne.

Ces chanoines réguliers restèrent peu de temps dans le prieuré. En effet, Mauguin, archidiacre de Nevers, donna cette maison à l'abbaye de Cluny, avant de monter sur le siége épiscopal de Nevers en 1066.

Hugues III de Champallement, évêque de Nevers et successeur immédiat de Mauguin, ayant abdiqué en 1091, prit l'habit religieux à Saint-Étienne et y mourut le 23 novembre de cette année. Ce saint prélat avait fait don à ce couvent de la métairie que tenait Hubert Hostilien moyennant une redevance annuelle de huit deniers, et y avait ajouté la paroisse de Saint-Arigle. Le comte Guillaume voulut prouver que cette cession lui était fort agréable : non content de consacrer tous ses efforts à la reconstruction du prieuré, il octroya aux chanoines de Saint-Cyr tout ce qu'il possédait dans le village de Parigny, fit entourer Saint-Étienne d'une forte ceinture de murailles, y construisit trois tours et pourvut les religieux de tout ce qui était nécessaire à leur subsistance, en consacrant à ce dernier usage la propriété de tout le bourg de Saint-Étienne. Ces importantes libéralités furent consignées dans une charte du 13 décembre 1097, le jour même, où assisté de Gui, évêque de Nevers, de Gautier, évêque de Châlon, et de Humbaud, évêque d'Auxerre, le célèbre Ives, évêque de Chartres, consacra l'église du monastère. Elles furent confirmées en 1171 par Gui, comte de Nevers, et approuvées en 1186 par le roi Philippe II. Les Souverains-Pontifes les confirmèrent à diverses reprises, et se plurent même à y ajouter de nombreux priviléges.

Pierre de Saint-Hugues fut le premier prieur de Saint-Étienne après sa restauration. Il gouverna depuis 1097 jusqu'à 1157 avec beaucoup de prudence et de zèle.

Le 47e qui est le dernier mentionné par les Bénédictins, fut Michel Cassagnet de Tilladet, fils de Gabriel Cassagnet, marquis de Tilladet, gouverneur de Brissac, et de Madeleine le Tellier, sœur de Michel le Tellier, chancelier de France. Son frère se démit en sa faveur du prieuré de Saint-Étienne de Nevers. Nommé évêque de Mâcon le 18 décembre 1676, Michel de Tilladet fut sacré à Paris le 4 juin 1678 dans l'église des Jésuites de la rue Saint-Antoine, et mourut doyen des évêques de France le 6 septembre 1731. Le dernier des prieurs de Saint-Étienne fut Joseph Paillé, chanoine et vicaire général du Mans, né à Paris, vers 1728, mort au Mans le 2 février 1797. On lui doit le *Rituel* du diocèse du Mans, imprimé en 1775, sous l'épiscopat de M. de Grimaldi, et il a coopéré à l'ouvrage de l'abbé Courte, connu sous le nom de Théologie du Mans, imprimé sous le titre de : *Institutiones theologicæ*, et dont un seul volume, *De restitutione et contractibus* a été publié au Mans, 1777, in-12 de 830 pages. L'abbé Paillé est aussi auteur d'un *Discours* prononcé dans l'église du Mans, le dimanche 16 août 1789, pour la bénédiction des drapeaux de la milice citoyenne, Le Mans, 1789, in-8o.

On consultera avec intérêt une *Notice historique* sur l'église et le prieuré de Saint-Étienne de Nevers, par M. l'abbé Crosnier, vicaire général, *Nevers*, *imprim. de Fay*, 1853, in-8o de 5 feuilles, plus 2 planches et des figures intercalées dans le texte. Ce travail est extrait du *Bulletin de la Société nivernaise*.

NOTRE-DAME DE NEVERS.

Cette abbaye de l'Ordre de Saint-Benoît eut pour fondateur le vénérable Théodulfe Bobolène qui, comme le rapporte Jonas dans la vie d'Eustase, abbé de Luxeuil, fonda trois monastères dans le Berry, et un quatrième, pour des vierges, auprès de Nevers sous la règle de saint Colomban. Ce dernier, ainsi que plusieurs autres, fut dévasté par les Vandales; l'évêque Hériman l'ayant fait rebâtir, le confia en 849 à des religieuses de l'Ordre de Saint-Benoît avec pouvoir d'élire elles-mêmes leur abbesse, pourvu que l'une d'entre elles fût capable de remplir cette charge; dans le cas contraire, l'élection appartiendrait à l'évêque de Nevers. Hériman fut inhumé, selon son désir, dans la chapelle de Saint-Jean-Baptiste, en l'église du monastère qu'il avait si généreusement relevé de ses ruines.

L'empereur Charles le Gros, à la demande de l'évêque Emmène, accorda plusieurs privilèges, de 885 à 887, à toutes les abbayes de l'Église de Nevers, et notamment à celles de Saint-Genès et de Notre-Dame.

Au XIIe siècle, Fromond, également évêque de Nevers, voulant donner plus d'éclat au monastère de Notre-Dame, y réunit les religieuses de Saint-Arigle, de Saint-Laurent et de Saint-Trohé.

En 1254, Hugues, seigneur de Maux, chevalier, et dame Isabelle, son épouse, donnèrent à Notre-Dame la main-morte qu'ils possédaient dans les bordelages de cette église, ne se réservant que la justice.

Ce monastère eut à souffrir, comme tous les autres, des guerres civiles allumées par les calvinistes; mais il se maintint toutefois dans un état florissant jusqu'à l'époque de la révolution.

Il était situé dans l'endroit même où saint Révérien, deuxième évêque d'Autun, souffrit le martyre; les religieuses possédaient dans leur jardin la chapelle où, suivant la tradition, le saint évêque avait eu la tête tranchée; elles en conservaient les reliques avec beaucoup de respect dans une châsse d'argent.

Notre-Dame de Nevers avait sous sa juridiction deux prieurés conventuels, Notre-Dame de Montot et Marsigny.

Différents incendies ayant dévoré les anciens titres et les archives de cette maison, il serait impossible aujourd'hui de donner la liste exacte et complète des abbesses qui l'ont gouvernée. Tout ce que nous pouvons dire, c'est que les auteurs de la *Gallia christiana* donnent une série de trente-six abbesses de Notre-Dame de Nevers jusqu'en 1731. Depuis cette époque, il n'y en a eu qu'une autre. Ce fut Madame de Saillans qui fut nommée en 1769 et siégeait encore à l'époque de la révolution.

SAINT-MARTIN.

Cette abbaye remonte à une époque très-ancienne, mais elle fut tellement ravagée par les Barbares, qu'on en trouve à peine quelques vestiges au VIIIe siècle. Il est certain que saint Jérôme, évêque de Nevers, mort le lundi 5 février 815, fut inhumé dans l'église de ce monastère. La cathédrale ayant été de son temps dépouillée de ses biens, domaines et revenus, s'il faut en croire Gui Coquille, ce prélat s'était, avec son chapitre, retiré dans l'abbaye de Saint-Martin, bien que l'office divin n'eût pas été suspendu dans l'église de Saint-Cyr.

L'évêque Hériman qui, en 849, avait établi soixante chanoines dans sa cathédrale, en mit également seize autres dans l'abbaye de Saint-Martin, et leur assigna des revenus, notamment ce que Rainfroi, ancien évêque, avait donné à l'Église de Nevers au village de Bourdenay.

Abbon II qui monta sur le siége épiscopal de Nevers en 866, doit être aussi considéré comme l'un des bienfaiteurs de Saint-Martin. Le roi Charles le Chauve ayant accordé des sommes considérables pour la restauration des églises de Nevers, et, entre autres, de Saint-Martin, Abbon approuva cette donation en 867, et la fit approuver dans le concile tenu à Troyes cette même année.

Emmène, successeur immédiat d'Abbon II, fonda, en 886, un monastère de religieuses dans le village de Cusset, au comté d'Auvergne, village que possédait alors l'abbaye suburbicaire de Saint-Martin de Nevers et qui devint l'origine d'une ville. Il obtint la même année deux chartes de protection émanées du roi Charles le Gros. Par la première, datée du palais d'Attigny le 16 août 886, ce prince ordonna que de toutes les dépendances des métairies que possède ou pourra acquérir cette même abbaye, toute la dîme des fruits sera apportée dans les greniers ou celliers de l'abbaye de Saint-Martin au faubourg de Nevers, pour les besoins des chanoines qui servent Dieu dans ce monastère. La seconde charte, que les auteurs de la *Gallia christiana* datent par erreur sans doute du palais d'Attigny le 16 août 885, au lieu de 886, règle qu'aucune autre communauté religieuse, si ce n'est celle de femmes établie à Cusset, appartenant à l'abbaye de Saint-Martin au faubourg de Nevers, ne pourra y être fondée dans le monastère que l'évêque Emmène y a fait construire. Enfin, dans une autre charte datée du 18 décembre de cette même année, à Paris, sont relatées toutes les abbayes et propriétés de l'Église de Nevers, entre lesquelles n'ont pas été oubliés les monastères de Saint-Martin et de Cusset.

Au XIIe siècle, et probablement avant 1120, on vit à Saint-Martin des chanoines réguliers succéder aux chanoines séculiers. Ils eurent pour bienfaiteurs Hervé, baron de Donzy, et Mathilde de Courtenay, sa femme. Cette réforme, suivant les frères Sainte-Marthe, eut lieu sous l'épiscopat de Fromond, qui fut tiré de ce monastère pour ceindre la mître. Les preuves en résultent de bulles d'Honorius II, du 27 avril 1129, d'Innocent II, du 19 décembre 1130, et d'un rescrit donné en 1130, où sont énumérés les biens que Fromond confère à ces chanoines. Toutes ces pièces se trouvent dans les Preuves de la *Gallia christiana*, tome XI, col. 338 à 340. Dans le dernier de ces titres, il est statué qu'un chanoine de l'église de Saint-Cyr, qui voudra renoncer au monde et prendre l'habit religieux dans le monastère de Saint-Martin, conservera en totalité les fruits de sa prébende; et que cependant l'église de Saint-Martin fera célébrer sa semaine.

Aux biens déjà donnés par lui à Saint-Martin, l'évêque Fromond en ajouta d'autres en 1131, et il lui concéda en 1136 cinq églises. Le pape Alexandre III confirma en 1161 la donation de ces églises, et lui donna, l'année suivante, un autre privilége. Urbain III, par un bref daté de Vérone le 19 mai, accorda à l'abbé de Saint-Martin la faculté d'établir trois ou quatre chanoines dans les églises de sa dépendance, à charge toutefois de présenter le curé à l'évêque. Les papes Luce en 1182 et Honorius III en 1217, lui accordèrent de semblables lettres.

Cette opinion des frères de Sainte-Marthe n'a pas été suivie par les Bénédictins, auteurs de la nouvelle édition de la *Gallia christiana*. Les premiers prétendent que ce monastère, après avoir subsisté pendant plus de 400 ans comme prieuré conventuel, ne fut érigé en abbaye qu'en 1131. Les seconds, au contraire, s'appuyant sur la charte du 16 août 886, donnée par Charles le Gros, sont assurés qu'à cette époque déjà Saint-Martin avait le titre d'abbaye. Ils ne nient pas que la modicité de ses revenus et les guerres de cette époque n'aient pu la réduire à un simple prieuré; mais si cela est arrivé, cela n'a pu être qu'à partir de l'an 900 environ jusqu'au XIIe siècle : car on voit Étienne, prieur de Saint-Martin, faire confirmer les possessions de cette maison par Honorius II le 27 avril 1129, et Innocent II accorde le même privilége le 19 décembre 1130.

Quoi qu'il en soit, les chanoines réguliers de la Congrégation de France prirent possession de l'abbaye en 1629.

Saint-Martin a eu quarante-trois abbés, tant réguliers que commendataires. Le dernier fut François-Joseph de Gascq, vicaire général de Bayeux et non d'Évreux, comme le disent les Bénédictins, nommé en octobre 1750, et mort à Paris, le 3 ma 1791.

BELLEVAUX.

Placée sous l'invocation de la sainte Vierge et de l'apôtre saint Paul, cette abbaye fut fondée à huit kilomètres de Moulins-Engilbert par les libéralités de Roclen de Marmagne, et de Damerone sa femme, qui, ayant pris tous deux l'habit religieux, donnèrent, en 1188, le lieu nommé *Joye* et d'autres biens à l'Ordre de Prémontré, avec le consentement de Thibaud, évêque de Nevers. Comme cette nouvelle communauté était très-pauvre, Seguin, seigneur de Château-Chinon, plein de charité et de zèle pour la gloire de Dieu, lui donna en 1193 toutes les dîmes qu'il possédait à Château-Chinon et à Cerenes, pour l'anniversaire de son frère Hugues, mort dans un voyage d'outre-mer.

Parmi les nobles seigneurs, qui choisirent leur sépulture à Bellevaux, nous citerons Hugues de Tanguin, seigneur de Tannay, qui mourut en 1200 et dont la tombe se voyait devant le grand autel; Hugues de Verrières, seigneur de Scillères, mort en 1293, et Robert de Châtillon et Marguerite de Certaines, décédés en 1353.

Au XVIe siècle, les guerres civiles et religieuses ne laissèrent pas pierre sur pierre à l'abbaye. Tout disparut.

Dans le premier quart du XVIIe siècle, Blaise Cornu, seigneur de Tournan et premier abbé commendataire de Bellevaux, fit construire une petite église sur les ruines de l'ancienne, et loua à des laïques les propriétés du couvent qui fut supprimé en 1792, après avoir été gouverné par vingt-huit abbés, dont le dernier fut M. l'abbé de Chaffoy, chanoine de Besançon, nommé par le roi le 8 août 1756.

FIN DU DIOCÈSE DE NEVERS.

LA

FRANCE PONTIFICALE

(GALLIA CHRISTIANA).

DIOCÈSE DE BETHLÉHEM.

Bethléhem, ville de la Judée dans la tribu de Juda, à deux lieues de Jérusalem, fut bâtie par les Jébuséens sur une montagne pleine de rochers dans lesquels les habitants se construisirent des maisons et des étables, comme on le fait encore en France dans la Lorraine et dans la Bourgogne. C'est là que Jésus-Christ, Fils de Dieu fait homme, naquit de Marie, vierge immaculée avant et après son enfantement divin; c'est là que les Mages vinrent adorer le Sauveur des hommes après sa naissance terrestre; c'est là qu'Hérode fit massacrer, pour perdre Jésus-Christ, les enfants mâles âgés de moins de deux ans et honorés par l'Église sous le titre de *saints Innocents;* c'est là qu'en 389 sainte Paule, dame romaine, éleva deux grands monastères, l'un d'hommes où se retira saint Jérôme, et l'autre de femmes où elle termina ses jours avec sa fille sainte Eustochie; c'est là que Baudouin Ier voulut être couronné roi de Jérusalem en 1101. Pour conserver la mémoire d'un aussi grand bienfait et surtout celle de la naissance du Fils de Dieu, ce prince obtint en 1110, du pape Pascal II, que la ville de Bethléhem fut érigée en évêché dépendant du patriarche de Jérusalem.

Guillaume IV, comte de Nevers, mourut à la Terre-Sainte en 1168 et voulut être inhumé à Bethléhem. Il légua à l'évêque de cette ville, comme le prouve une charte de 1223, le bourg de Pantenor-les-Clamecy *oultre* (au delà) *de la rivière d'Yonne, avec le gaignage et domaine de Cembeuf* (Sambert), la ville Sous-Saisi appelée la Maison-Dieu de Bethléhem, et le bourg qui est *oultre les ponts de Montrouillon.* Cet Hôtel-Dieu de Bethléhem en Nivernais avait été fondé en 1147 par le comte et par ses chevaliers; le legs avait pour but de parer à l'éventualité de la destruction de l'évêché de Bethléhem par les infidèles : ce siége venant à disparaître, le titulaire aurait au moins un asile en France avec son clergé. Mathilde, comtesse de Nevers, ratifia la donation du comte Guillaume en mars 1224.

Les évêques de Bethléhem ne restèrent en Palestine que pendant un siècle à peu près. Chassés avec les Latins, ils se retirèrent dans l'hôpital de Pantenor, et, de tous leurs biens, il ne leur resta que cet établissement qui prit alors le titre d'évêché. Il y avait dans cette maison des Frères et des Sœurs dépendant des chanoines de Bethléhem, qui, comme eux, étaient de l'Ordre de Saint-Augustin, institués avant l'évêché, et dont l'évêque qui en devint le recteur, avait la juridiction. On voyait encore les ruines de leur cloître, il n'y a pas deux siècles.

L'évêque de Bethléhem, établi à Clamecy en 1223, fut à la nomination des comtes et des ducs de Nevers, avec l'agrément du roi et la confirmation du pape. Le roi Charles VI lui accorda, en février 1413, les prérogatives dont jouissent les évêques de France. Ce prélat, immédiatement soumis au Saint-Siége, en recevait les bulles et avait juridiction épiscopale dans son petit territoire. Son revenu, en 1790, était porté à la somme de mille livres dans l'état des évêchés de France, et il payait 33 florins pour la taxe de ses bulles. Il avait le droit d'exercer toutes les fonctions épiscopales dans la chapelle de Notre-Dame, près de Clamecy, ce qu'il faisait rarement pour ne point déplaire aux autres évêques qui le regardaient comme un simple dignitaire *in partibus infidelium*.

Clamecy était toujours resté au diocèse d'Auxerre. L'évêque de Bethléhem s'occupait ordinairement à soulager les prélats riches ou infirmes dans leurs ordinations et autres fonctions épiscopales : de cette manière, il se procurait des pensions et des gratifications qui suppléaient à la médiocrité de son revenu.

Le diocèse de Bethléhem en France a eu pour évêques des Bénédictins de différentes filiations, des Chanoines réguliers de plusieurs sortes, des Dominicains, des Carmes, des chanoines d'Auxerre, de Nevers ou de Sens. Il a été supprimé à la révolution et n'a pas été rétabli par les concordats de 1801 et de 1822. Le titre d'évêque de Bethléhem est en ce moment porté par Mgr Etienne Bagnoud, abbé de Saint-Maurice en Valais, en Suisse.

ÉVÊQUES DE BETHLÉHEM.

1. — ASCHÉTIME (1110-vers 1130).

Chantre de l'Église patriarchale de Jérusalem et recteur des Chanoines réguliers de Bethléhem, il fut fait le premier évêque de cette dernière ville en 1110. Déjà, il avait été désigné pour le siége d'Ascalon par Gibelin, archevêque d'Arles et légat du Saint-Siége, qui sur l'ordre exprès du Souverain-Pontife, lui soumit ensuite Ascalon comme paroisse. Il assista au concile que Garmond, patriarche de Jérusalem, tint en 1120 à Naplouse, ville de la province de Samarie. D'après la Chronique de Guillaume de Tyr, il souscrivit au traité conclu en 1123 entre les Vénitiens et les princes du royaume de Jérusalem. C'était un prélat très-humain qui procura de grands soulagements temporels et spirituels aux pèlerins de la Terre-Sainte.

2. — ANSELME (vers 1130-vers 1142).

Il fut l'un des ambassadeurs que Foulque, roi de Jérusalem, envoya à Jean Comnène, empereur de Constantinople, qui simulait le projet de visiter les Lieux saints. Le 1er février 1132, il envoya des lettres d'obédience et de soumission à Innocent II qui se trouvait alors à Cluny, et fut présent au concile convoqué dans la ville d'Antioche par Albéric, légat du Saint-Siége, le 30 novembre 1139.

3. — GÉRARD Ier (vers 1142-vers 1155).

Ce prélat fit partie de l'assemblée générale tenue par les princes chrétiens en 1147, dans la ville d'Acre pour les affaires de la Terre-Sainte. Il obtint du Souverain-Pontife qu'Absalon, chanoine régulier du Saint-Sépulcre, qui avait été sacré évêque par Foucher, patriarche de Jérusalem, fut dépouillé de sa dignité épiscopale. La ville d'Ascalon avait été prise par Baudouin III après cinq mois de siége, en 1154, et l'Église de cette ville, avec toutes ses possessions, fut réunie pour toujours à l'évêché de Bethléhem.

4. — RAOUL (vers 1156-1173).

Anglais de naissance, chancelier du roi de Jérusalem, Baudouin III, homme fort lettré, mais trop mondain, aimé du roi, de la reine et de la cour, Raoul s'empara de l'Église de Tyr devenue vacante par la translation de Foucher au siége patriarchal de Jérusalem en 1146, et s'en appropria les revenus pendant deux ans. Le pape Eugène III le contraignit alors de mettre un terme à ces spoliations sacriléges; mais Adrien IV, successeur d'Eugène et ami de Raoul, lui donna l'Église de Bethléhem. Sacré évêque de ce diocèse, il s'opposa en 1157 à l'élection d'Amauri comme patriarche de Jérusalem et en appela au Souverain-Pontife. Dans la bataille qu'Amauri, roi de Jérusalem, livra en 1167 à Siracon, général du soudan d'Égypte, Raoul fut grièvement blessé et perdit tout ce qu'il possédait. Au siége de Petra, métropole de la seconde Arabie, par le sultan Noradin ou Nour-ed-Din, il se croisa vaillamment et souscrivit au traité passé en 1170 dans la ville d'Acre. Enfin, dit Guillaume de Tyr, ce prélat mourut en 1173 et fut inhumé avec pompe dans le chapitre de son église.

5. — ALBERT (1175-vers 1190).

Neveu de Pierre l'Ermite, et né, comme lui, dans le diocèse d'Amiens, Albert fut promu à l'évêché de Bethléhem en 1175, et se croisa avec Baudouin IV contre Saladin, vers 1176. Il assista au concile de Latran, en 1179, au nom des évêques de la Palestine. Ubald, archevêque de Pise, lui donna, le 23 décembre 1186, l'église de Saint-Martin, située à Vetulia près de Pise, afin que ses successeurs pussent la posséder et en accorder les revenus à l'Église de Bethléhem. Il prodigua à son oncle toutes les consolations que peut prodiguer le cœur d'un évêque, après l'effroyable déroute essuyée par les Croisés qu'il avait amenés en Terre-Sainte.

6. — PIERRE Ier (vers 1190-1207).

Légat du Saint-Siége, Pierre fut l'un des douze électeurs qui, réunis dans l'église des Saints-Apôtres, choisirent, le 9 mai 1204, Baudouin Ier comme empereur de Constantinople. On trouve sa signature, avec celles de Nivelon, évêque de Soissons, et de Garnier, évêque de Troyes, dans une charte datée de 1205. Il est encore mentionné l'année suivante.

7. — RÉGNIER (vers 1207-vers 1244).

Sous-diacre de l'Église romaine, Régnier fut élu, concurremment avec Pierre, chanoine du Saint-Sépulcre, pour occuper le siége épiscopal de Bethléhem. Albert de Parme, patriarche de Jérusalem, confirma l'élection de Régnier; celle du chanoine du Saint-Sépulcre fut soutenue par Jean de Brienne, roi de la même ville. Cette double élection fut déférée à la sentence du pape Innocent III qui confia l'instruction de l'affaire à Pandulphe Masca, cardinal-prêtre du titre des Douze-Apôtres, à Jean de Salerne, cardinal-prêtre du titre de Saint-Étienne au Mont-Cœlius, et à Grégoire, cardinal du titre de Sainte-Marie *in Porticu*. Sur leur rapport, le Souverain-Pontife annula les deux élections, mais pour réparer les dommages que la puissance séculière avait fait éprouver à Régnier, il le déclara aussitôt évêque de Bethléhem. Ce Régnier est probablement le prélat de ce nom qui fut présent à l'assemblée tenue par le pape Honorius III en 1223, en Champagne, à l'effet de porter secours aux Croisés de la Terre-Sainte, et en faveur duquel Mathilde, comtesse de Nevers, confirma, en mars 1224, tous les biens que le comte Guillaume IV avait légués au diocèse de Bethléhem vers 1168, et qui étaient situés à Clamecy.

8. — GEOFFROI (1244-1252).

Issu de la famille des gouverneurs de Rome et chapelain du pape Innocent IV qu'il accompagna en 1245 à Lyon, Geoffroi fut élu évêque de Bethléhem et confirmé dans cette dignité par ce Souverain-Pontife. De concert avec son chapitre, il concéda le village de Sercy, situé dans le diocèse d'Autun, à la comtesse Mathilde, comtesse de Nevers, moyennant la somme de quarante livres de rente annuelle. Cet échange, ainsi que plusieurs autres conventions, eut lieu le 21 avril 1245. Il n'était encore qu'évêque élu et se trouvait en Angleterre, lorsque Simon, bourgeois de Londres, donna, le 23 octobre 1247, à Geoffroi, à ses successeurs et au chapitre de Bethléhem une terre située dans la paroisse de Saint-Botholf, au delà de Bishopsgate, afin d'y établir un prieuré ayant prieur, chanoines, frères et même sœurs de l'Ordre de Bethléhem. Ces religieux devaient porter la figure d'une étoile sur leurs habits et leurs manteaux, célébrer les divins offices, et spécialement recevoir l'évêque et les membres du clergé de Bethléhem, construire un oratoire placé sous la juridiction du prélat et lui payer annuellement en signe de soumission une redevance d'un marc de sterling. Cette charte se trouve dans le *Monasticon anglicanum*, tome III, col. 381. Geoffroi vivait encore le 23 juillet 1251, neuvième année du pontificat d'Innocent IV.

9. — THOMAS AGNI DE LENTINI (1255-1267).

Ainsi appelé parce qu'il était né à Lentini, ville de la Sicile, Thomas prit l'habit des Dominicains vers 1220, jeta vers 1231 les fondements de la maison de son ordre à Naples et était provincial de Toscane, lorsque le pape Alexandre IV le créa évêque de Bethléhem en 1255. Il fut légat du Saint-Siége à Saint-Jean-d'Acre. Benoît d'Alignan, évêque de Marseille, lui dédia en 1261 son livre de la sainte Trinité et de la foi catholique, ouvrage dans lequel il loue la sainteté et l'éclat de la science de l'évêque de Bethléhem. Celui-ci écrivit à Henri III, roi d'Angleterre, le 4 avril 1263, au sujet des malheurs qui menaçaient la Terre-Sainte. La même année, il revint à Rome pour informer de l'imminence de ces malheurs le pape Urbain IV, qui le chargea de prêcher une croisade contre Mainfroi, dit Tancrède, usurpateur du royaume de Naples et de Sicile. Clément IV le transféra, le 18 avril 1267, au siége épiscopal de Cosenza dans la Calabre, et Grégoire X le nomma, en 1272, patriarche de Jérusalem. Il ne fut pas plus tôt arrivé en cette dernière ville qu'il lui survint une très-difficile affaire. Hugues, roi de Chypre, et Marie, fille du prince d'Antioche, prétendaient au royaume de Jérusalem. Le nouveau patriarche décida en faveur de Hugues, ce qui contraria Grégoire X qui aurait voulu qu'on laissât les choses indécises. Thomas n'en conserva pas moins l'estime de ce pape et d'Innocent V, son successeur. Thomas Agni mourut à Saint-Jean-d'Acre, en 1277, laissant quelques ouvrages, dont on n'a imprimé que la *Vie* de saint Pierre, martyr, qui avait demeuré longtemps avec lui à Vérone. On la trouve au tome III d'avril, dans les Bollandistes qui ont eu soin d'y distinguer ce que Thomas avait écrit d'avec diverses additions faites par un auteur plus moderne.

10. — GALHARD D'OURSAULT (1267-1279).

Né en Gascogne, il se fit religieux dominicain et devint prieur de Tarascon en 1256. Évêque de Bethléhem après Thomas de Lentini, il fut envoyé en Lombardie pour quelques affaires, au commencement de 1268 et mourut en 1279.

11. — HUGUES DE CURTIS (1279-vers 1300).

Napolitain, Hugues entra dans l'Ordre de Saint-Dominique. Devenu évêque de Troie au royaume de Naples en 1278 et décoré du pallium par Nicolas III, il fut transféré au siége épiscopal de Bethléhem, par le pape Nicolas IV, le 9 octobre 1279. Honorius IV le chargea de recueillir, en 1285, les dîmes imposées aux Italiens pour la croisade contre Pierre, roi d'Aragon. Le 27 avril 1291, Hugues vendit à Robert, comte de Nevers, pour la somme de vingt livres de rente annuelle, tout ce qu'il possédait de juridiction et de souveraineté temporelle dans le bourg de Pantenor. Il fut député auprès du duc d'Autriche, avec le prieur des Dominicains de Paris, en novembre 1295. Le 21 janvier 1269, il assista, avec les cardinaux, les archevêques et les grands du royaume, à l'assemblée tenue au Louvre, où Pierre Flotte, chevalier et conseiller du roi, lut les lettres de Gui, comte de Flandre, aux termes desquelles ce prince révoquait tous les mandataires qu'il avait chargés de négocier la paix avec Philippe le Bel. Hugues de Curtis mourut vers 1300.

Si l'on en croit les Dominicains, trois de leurs religieux occupèrent ensuite le siége épiscopal de Bethléhem; ce furent Gérard, français de nation, qui mourut en 1300, après avoir abdiqué et qui, dit-on, siégeait dès le 24 décembre 1294. — Pierre, de Sainte-Maxence, mort le 3 avril 1287, et Hugues de Tours. Comme on n'a pas de preuves authentiques de l'épiscopat de ces trois personnages, nous n'avons pas jugé à propos de les compter parmi les évêques de ce siége. Les Bénédictins ont adopté cette opinion.

12. — WULFRAN D'ABBEVILLE (vers-1301-vers 1318).

Dominicain et né au diocèse d'Amiens, dans la ville dont il joignait le nom au sien, il fut très-aimé par Charles II, roi de Sicile. Le pape Boniface VIII le nomma évêque de Bethléhem vers 1301. Vulfran assista, en 1313 ou 1314, à la dédicace de l'église d'Écouis, au diocèse de Rouen. Dans les lettres écrites par Robert de Courtenay, archevêque de Reims, pour convoquer les prélats au concile tenu d'abord à Senlis le 6 août 1315, puis à Paris le 15 mai 1316 et enfin à Senlis en janvier 1317, dans le but de juger Pierre de Latilli, évêque de Châlons, on trouve le nom de Wulfran cité entre ceux des évêques de Limoges et de Bayeux.

13. — JEAN Ier D'EGGLESGLIFF ou D'EGGLESFIELD (vers 1318-1322).

Dominicain anglais, Jean fut d'abord évêque de Bethléhem, puis de Connor en Irlande (1322), et finalement (1323) de Landaff en Angleterre, où il mourut le 2 janvier 1346.

14. — PIERRE II (vers 1347-1358).

D'abord évêque de Segni, dans les Etats-Romains, en 1346, il fut transféré au siége de Bethléhem en 1347, et assista, le 21 juillet 1355, à l'acte de cession de la terre d'Aouste, faite à Gui de La Chaume, évêque d'Autun, par Pierre, cardinal d'Ostie, en vertu d'une délégation du cardinal Pierre Bertrand. Cette cession eut lieu à Monteux, près d'Avignon.

15. — DURAND (vers 1358-1362).

Ambassadeur de Marie, impératrice de Constantinople, il fut envoyé à cette princesse avec des lettres d'Innocent VI, datées d'Avignon du 8 janvier 1361.

16. — ADÉMAR DE LA ROCHE (1362-1371).

Cet évêque était aussi Dominicain. Le pape Urbain V lui donna le siége vacant de Bethléhem, le 13 novembre 1362.

Ughelli (*Italia sacra*, tome I, p. 882) assure qu'un Frère-Mineur, né dans le Faucigny, et appelé JEAN SALVUTI, fut en 1383 transféré du siége de Bethléhem à l'évêché de Lucques, où il mourut en 1394, mais ce fait se trouve positivement en contradiction avec les actes de l'évêque suivant.

17. — GUILLAUME Ier DE VALLAN (1371-1388).

Il naquit à Vallan, à peu de distance d'Auxerre, prit l'habit religieux dans le couvent de l'Ordre des Dominicains en cette ville, et fut reçu docteur en théologie de la Faculté de Paris. Évêque de Bethléhem, confesseur et conseiller de Philippe le Hardi, duc de Bourgogne, en 1371, il devint confesseur du roi Charles VI le 2 février 1385, jour où une rente de deux cents livres tournois lui fut assignée. Il reçut deux cents livres d'honoraires le 21 septembre 1386, et fut délégué, l'année suivante, par le pape Urbain VI, pour instruire le procès des complices et fauteurs de l'anti-pape Robert (Clément VII).

Urbain le transféra le 24 décembre 1388 à l'évêché d'Évreux, et ce fut pour ce motif que l'élection capitulaire de Pierre de Moulins, neveu de Philippe II de Moulins, évêque décédé de ce diocèse, ne fut point confirmée. L'Université de Paris obtint de Charles VI que Guillaume de Vallan abjurerait publiquement la doctrine qu'il professait au sujet de l'Immaculée Conception de la Sainte Vierge que les Dominicains n'admettaient pas encore. Cette affaire eut quelque retentissement, et engagea Guillaume à quitter la Cour où rien ne le retenait plus, puisque le roi avait pris un autre prélat pour diriger sa conscience. Il assista en 1392 à la translation des reliques de saint Louis dans l'abbaye de Saint-Denys en France, et excommunia l'abbé de Lyre qui avait refusé de lui prêter le serment de fidélité auquel celui-ci était astreint à son égard.

Malgré quelques contestations avec le chapitre d'Évreux, Guillaume de Vallan remplit avec zèle les devoirs de l'épiscopat, et mourut le 23 avril 1400 dans les sentiments de la plus profonde piété.

Ses armoiries étaient : *d'azur, au chevron d'argent chargé de deux tourteaux de gueules et accompagné en chef d'une étoile d'or, et en pointe d'un croissant de même.*

18. — JEAN II DE GENENCE (1389-1395).

Dominicain flamand, il fut évêque de Bethléhem de 1389 à 1395.

19. — GUILLAUME II DE MARTELET (1395-1402).

Doyen de Nevers, il devint évêque de Bethléhem en 1395, et conféra les ordres sacrés dans le monastère de Corbie en 1401. Il tomba malade rue Saint-Victor à Paris, y fit son testament le 23 mai 1402, et nomma pour exécuteurs de ses dernières volontés Guillaume, abbé de Saint-Germain-des-Prés, et Jean Arnoul, bachelier en droit canonique. Il fut enterré, peu de jours après, dans l'église de l'abbaye de Saint-Germain.

20. — JEAN III LAMI (1403-1407).

Né en Bretagne, et religieux profès du couvent des Cordeliers de Bourganeuf, il était maître en théologie et provincial de Tours, lorsqu'il fut nommé en 1403 évêque de Bethléhem. Transféré trois ans après à l'évêché de Sarlat, il ne reçut qu'en 1407 ses bulles pour ce siége. Dans cette même année, il unit à la prévôté de Sarlat le prieuré d'Aynesse, dans le diocèse d'Agen, et mourut le mercredi 15 octobre 1410. On l'inhuma dans le couvent de Bourganeuf.

21. — LANFRANC (1407-1410).

Ce prélat, originaire du diocèse de Vienne en Dauphiné, fut nommé en 1407 par Philippe le Hardi, duc de Bourgogne et comte de Nevers, et assista au concile de Pise en 1409. Quelques historiens l'ont confondu fort mal-à-propos avec le célèbre Lanfranc, archevêque de Cantorbéry.

22. — GÉRARD II (1410).

Les frères de Sainte-Marthe prétendent qu'un certain Gérard de Gisors mourut vers 1321 ou 1421 évêque de Bethléhem, et qu'il fut inhumé à Paris chez les Carmes de la place Maubert. Mais s'agit-il bien ici de ce Gérard?

23. — MICHEL (1410-1411).

Michel fut nommé évêque de Bethléhem, le 15 juillet 1410, par le pape Jean XXIII, mais ne siégea qu'un an à peine. Il appartenait à l'Ordre des Frères-Mineurs.

24. — JEAN IV MARCHAND (1411-1422).

Dominicain du diocèse de Sens, et confesseur de Jean, duc de Bourgogne, il était évêque de Bethléhem le 22 octobre 1411, jour où il consacra le chœur de l'église des Dominicains de Lille en Flandre. Le roi Charles VI, par lettres-patentes de février 1412, lui confirma, à lui et à ses successeurs qui seraient Français ou qui jureraient fidélité aux rois de France, la propriété des biens du diocèse de Bethléhem, et leur accorda les priviléges dont jouissaient les autres prélats du royaume qui tous étaient conseillers du roi. Jean était encore confesseur du duc Jean en 1419, mourut le 11 décembre 1422 et fut inhumé dans le chœur des Dominicains de Lille. D'après des titres que rapportent les frères de Sainte-Marthe, il paraît qu'il eût un rival, appartenant à l'Ordre de Saint-Benoît et nommé M..., qui siégeait en 1421. Et certainement, le 18 juin de cette année, Martin V confia à Jean de Saint-Jacques, docteur en théologie, des biens qui, situés dans les royaumes de Castille et de Léon, appartenaient à la mense épiscopale de Bethléhem, aussi longtemps que durerait le grand schisme d'Occident et jusqu'à ce que ledit Jean fût pourvu d'un autre bénéfice. Luc Wadding a publié le bref donné en cette circonstance par le pape dans l'Appendice du tome V de ses *Annales de l'Ordre de Saint-François*, page 87.

25. — LAURENT PINON (1423-1432.)

Né à Sens, il entra dans l'Ordre des Dominicains de la rue Saint-Jacques à Paris, d'où il fut envoyé à Reims pour y être lecteur en théologie. Le 5 mars 1423, le pape Martin V le nomma évêque de Bethléhem. A cette époque et en même temps qu'il remplissait les fonctions de confesseur du duc de Bourgogne, Laurent Pinon publia un ouvrage sur l'origine des seigneuries et de la division des États, qui est probablement celui qu'on dit avoir été présenté au duc de Bourgogne par un évêque de Bethléhem, sous le titre de *Traité de la Puissance temporelle*. Le Père Échard donne à entendre que Laurent Pinon ne fit qu'une traduction française du traité latin de Durand de Saint-Pourçain, évêque de Meaux, sur la puissance temporelle des rois.

Soit que le duc de Bourgogne ne fit pas autrement attention à ce volume, soit que Laurent eût depuis modéré son zèle, le prince crut qu'on pouvait confier à ce religieux dominicain la conduite spirituelle d'une ville qui était la clef de ses États; de sorte, dit l'abbé Lebeuf, qu'après avoir été évêque d'un titre enclavé dans le diocèse d'Auxerre, et d'une Église sans peuple, il le devint du diocèse même qui bornait la Bourgogne du côté de la France. Sa translation épiscopale fut faite par le pape Eugène IV, le 31 mai 1432, d'après les registres du Vatican. Il avait pour concurrent le doyen Hugues des Noës, licencié en droit, bachelier en théologie, lequel se disait, dans une charte du 17 mai 1432, évêque élu d'Auxerre. L'autorité du Saint-Siége mit fin aux prétentions que cette élection pouvait justifier. Le 21 décembre de l'année suivante, Laurent Pinon bénit l'église de Saint-Nicolas à Dijon, et, le 6 mars 1434, avec l'autorisation de Ferry de Grancey, évêque d'Autun, l'église paroissiale de Saint-Genès, à Flavigny. Il fit son entrée solennelle à Auxerre le 14 du même mois. En 1435, le duc de Bourgogne l'emmena dans les Pays-Bas où il fut présent au traité d'Arras. Laurent se trouvait encore dans cette ville le 21 septembre de la même année, époque où il fit un sermon sur les avantages de la paix, dans la dernière assemblée des diplomates qui avaient concouru à la rédaction du traité d'Arras.

Il fut souvent obligé de résider tantôt à Lille, tantôt à Bruges; mais il fit la visite de son diocèse, assista à la dédicace de Saint-Martin de Clamecy le 10 janvier 1438, célébra le 17 de ce mois une ordination dans l'église de Notre-Dame de La Charité sans préjudice des priviléges du monastère, dédia celle de Sainte-Eugénie de Varzy le 1er dimanche de l'Avent (30 novembre de cette année), et affectionna beaucoup le château épiscopal de cette ville. Il accorda des indulgences, le 9 mai 1443, à ceux qui contribueraient à la reconstruction de l'église de Notre-Dame de Toucy, approuva la même année l'érection d'une confrérie des Trépassés chez les Dominicains d'Auxerre, reçut le 19 juin 1445 le serment de Charles, comte de Nevers, pour la baronnie de

Donzy, affranchit un grand nombre d'habitants de la seigneurie d'Hodan près de Varzy, et le 26 août de cette année, consacra l'église du prieuré conventuel de Sainte-Geneviève de Marcy, de l'Ordre du Val-des-Écoliers.

On ne connaît ni le lieu ni la date précise de la mort de Laurent Pinon, mais il est probable qu'elle eut lieu en mars 1449. On croit qu'il fut inhumé dans le chœur de l'église des Dominicains d'Auxerre. Les Huguenots détruisirent plus tard son tombeau et dissipèrent ses ossements.

Outre l'ouvrage dont nous avons parlé, on doit encore à Laurent Pinon : 1° un *Catalogue* des hommes illustres de son Ordre, (conservé en manuscrit, avant la révolution, à Saint-Victor de Paris); 2° un *Pontifical* qu'il fit rédiger pour son usage en 1435, (Paris, Bibliothèque impériale, département des manuscrits, fonds Colbert). On y voit au bas de la première page les armoiries de ce prélat : *d'azur, au chevron d'or accompagné de trois pommes de pin du même*, 2 *en chef*, 1 *en pointe.*

26. — JEAN DE LA ROCHE (1428-1434).

Docteur en théologie de la Faculté de Toulouse, il fut nommé évêque de Bethléhem par Martin V, le 10 décembre 1428, et fut transféré au siége de Cavaillon par Eugène IV, le 25 septembre de la quatrième année du pontificat de ce pape (1434), d'après les archives du Vatican. Il fut présent, le 24 août 1429, à l'absolution donnée par le légat du Saint-Siége au chartreux Dominique de Bonne-Espérance, créé cardinal en 1409 par l'anti-pape Benoît XIII. En septembre suivant, il assista au concile de Tortose où il célébra la messe et y fit un discours dont l'élégance fut remarquée. Jean de La Roche mourut en 1436.

27. — DOMINIQUE (1434-1436).

Frère Mineur et docteur en théologie, il succéda à Jean de La Roche, lorsque celui-ci fut transféré au siége de Cavaillon par Eugène IV, le 25 septembre 1434, d'après les registres du Vatican. Il mourut en 1436.

28. — ARNOUL-GUILLAUME DE LIMONNE (1436-1457).

Carme, professeur de théologie et confesseur de Charles, duc de Bourgogne, il fut fait évêque de Bethléhem le 26 novembre 1436, d'après les archives du Vatican. Il fit rebâtir en 1445 son église détruite par les guerres, assista à l'hommage que Charles, comte de Nevers, rendit à Pierre de Longueil, évêque d'Auxerre, en 1450, et mourut en 1457.

29. — ÉTIENNE PILERAND (1457-1462).

Religieux Cordelier et docteur en théologie, il fut nommé évêque de Bethléhem le 7 octobre 1457.

30. — JEAN VI BÉRÉTIN (1462-1464).

Religieux appartenant au même Ordre que le précédent et professeur de théologie, il monta sur le siége épiscopal de Bethléhem le 27 août 1462, la 4e année du pontificat de Pie II, d'après les registres du Vatican.

31. — ANTOINE Ier BUISSON (1464-1468).

Cet évêque, que certains historiens rattachent erronément à la famille d'Aubusson et à la ligne des seigneurs de La Borne, était professeur de théologie quand il fut élu évêque de Bethléhem le 1er juin 1464. Cette même année, l'évêque d'Autun lui concéda la chapelle de Notre-Dame de la Maison-Dieu de Bethléhem, ce qui occasionna dans la suite des discussions et des procès entre les évêques d'Autun et les évêques d'Auxerre. Antoine consacra, en 1466, avec la permission de Jean de Poupet, évêque de Châlon-sur-Saône, les églises des Carmes et des Franciscains de cette ville. Rollin, son vicaire général et prieur d'Anzy et de Saint-Racho, tint un synode en septembre 1468.

32. — FRANÇOIS Ier (1468-1472).

D'après les registres du Vatican, il succéda au précédent évêque la quatrième année du souverain pontificat de Paul II, c'est-à-dire, avant le 16 septembre 1468.

33. — CHRISTOPHE LAMI (1472-1477).

Il fut élu évêque de Bethléhem le 1er février 1472, par suite du décès de François, comme l'indiquent les archives du Vatican, et appartenait à la famille des marquis d'Encise.

34. — JEAN VII PILORY ou BILAR (1477-vers 1480).

Dominicain et professeur de théologie, il fut élu le 17 septembre 1477, après la mort de Christophe Lami. Suffragant et vicaire général de Louis de Gaucourt, évêque d'Amiens, il consacra, dans cette ville, les églises de Saint-André, le 27 mai 1478, et de Saint-Georges, le 29 de ce même mois.

35. — BERTRAND D'AUDIGIER (vers 1480-vers 1488).

Religieux Cordelier, il devint en 1481 suffragant de Julien de La Rovère, évêque de Mende. En 1484, il bénit l'église des Cordeliers de Vic-le-Comte, au diocèse de Clermont.

Pierre de Saint-Maximin, provincial de l'Ordre des Frères Prêcheurs, occupait le siége épiscopal de Bethléhem le 7 janvier 1489, d'après le livre des Provisions d'Innocent VIII, que citent les Dominicains. C'est peut-être celui que nous avons mentionné ci-dessus après Hugues de Curtis, sous le nom de Pierre de Sainte-Maxence.

36. — HUBERT (1488-1492).

C'était un religieux Récollet qui fut transféré à l'évêché de Kildare en Irlande le 3 décembre 1492.

37. — JACQUES HÉMERÉ (1492-1498).

Chanoine de Notre-Dame de Sales, au diocèse de Bourges, et licencié en droit, il fut élu évêque de Bethléhem, par la translation d'Hubert au siége de Kildare le 3 décembre 1492. Il avait pour devise : *Post tenebras spero lucem* (après les ténèbres j'espère la lumière). Jacques Hémeré mourut le 9 mars 1498.

38. — JEAN VIII L'APOTRE (1498-1501).

De l'Ordre des Frères-Ermites de Saint-Augustin, il était professeur en théologie, lorsqu'il fut élu pour succéder à Jacques, en 1498; sa mort arriva en 1501.

39. — ANTOINE II COINEL OU DE CRENEL (1501-1512).

Appartenant à l'Ordre des Humiliés, conseiller et premier chapelain du roi, il fut fait évêque de Bethléhem et abbé de l'Étoile au diocèse de Poitiers en 1501. Cette même année, il eut un différend avec le curé de Clamecy pour l'administration des sacrements de Pénitence et de l'Eucharistie aux membres de certaines confréries et aux habitants de l'hôpital de Bethléhem. Il abdiqua, en 1512, entre les mains du Souverain-Pontife, et mourut deux ans après.

40. — MARTIN BAILLEUX DIT LE DOUX (1513-1524).

Cordelier et professeur de théologie, il fut d'abord évêque d'Arcadie *in partibus infidelium* le 5 juillet 1507, et obtint le 23 mars 1513, de Françoise d'Albret, comtesse de Nevers, le siége de Bethléhem devenu vacant par la démission d'Antoine Coinel. Léon X lui accorda ses bulles, pour ce dernier évêché, le 22 juin de la même année. Il céda, en 1515, la paroisse de Chambon, au diocèse de Bourges, et eut, le 25 février 1518, une discussion avec le curé de Clamecy au sujet des sépultures dans son église. Martin Bailleux mourut en 1524.

41. — PHILIBERT DE BEAUJEU (1524-1555).

De l'illustre famille des sires de Beaujeu, il fut moine de Saint-Bénigne de Dijon, prieur de Saint-Germain d'Auxerre, docteur en droit canon, abbé de Saint-Sever-Cap, au diocèse d'Aire et de La Faise en celui de Bordeaux, conseiller, aumônier et maître des requêtes de la reine, fut désigné, en 1521, pour l'évêché de Bethléhem par Marie d'Albret, veuve de Charles de Clèves, après la mort de Martin Bailleux, et reçut ses bulles du pape Clément VII le 17 août 1524. Les bulles mentionnent l'Église de Bethléhem sous le titre de Notre-Dame, près de Clamecy, diocèse d'Auxerre, au comté de Nevers. Elles la déclarent relevant immédiatement du Saint-Siége. Philibert réconcilia, le 25 mars 1526, la cathédrale de Langres qui avait été profanée, et consacra celle de Saint-Michel de Dijon le 8 décembre 1529. Il était suffragant et vicaire général de l'évêque d'Auxerre, de 1530 à 1535. Le roi le nomma doyen de l'église collégiale d'Avallon, le 10 avril 1536, et le chapitre de cette église l'admit en cette qualité le 14 mars suivant. Philibert, le 16 avril 1538, promulgua la bulle du pape Paul III, relative à la sécularisation de l'abbaye de Vézelay. Il consacra l'église de Saint-Hilaire de Challemant le 24 de ce même mois, deux autels dans l'église des Chartreux de Basseville le 26 juillet 1546, et, la même année, l'église des religieuses du tiers-ordre de Saint-François de Châteauvillain. Plusieurs acquisitions lui permirent de fonder six canonicats dans son église de Notre-Dame de Bethléhem de Clamecy; à la prière du doyen, des chanoines et des chapitres de cette église, le cardinal de Givry, évêque de Langres, vicaire général du cardinal de Châtillon, qui était abbé de Saint-Bénigne de Dijon, approuva le 13 juillet 1556 cette fondation faite par Philibert sans en avoir obtenu l'autorisation préalable et nécessaire de ce dernier; mais il ne paraît pas que les choses aient eu aucune suite.

Ses armoiries étaient : *d'or, au lion de sable.*

Après Philibert, mort en 1554, les frères de Sainte-Marthe citent les évêques suivants :

— Dominique Flelin ou Philetien, prêtre de Bourges et chanoine de Nevers, nommé évêque de Bethléhem par François de Clèves, duc de Nevers, le 10 février 1555.

— Urbain Reversy ou de Reversin, prêtre d'Angers, docteur en théologie, chanoine et préchantre de l'Église de Sens, fut nommé par le même duc le 28 avril 1558 et confirmé par le Saint-Siége, le 17 juillet 1560, après la mort de Philibert.

— Antoine Trusson, abbé de Toussaints-en-l'Ile, de l'Ordre de Saint-Augustin, fut nommé par le duc de Nevers, le 5 décembre 1560, et vivait encore en 1574.

— Charles Bourbonnat, chanoine régulier de Germenay, (1578).

— Louis Hébert, docteur en théologie, fut nommé par le duc de Nevers, et sa nomination n'était pas encore confirmée par le Saint-Siége en 1579.

— Simon Jourdain, chanoine régulier et prieur de Saint-Gildard de Nevers, fut nommé à Paris le 31 mai 1584 par Louis de

Gonzague, duc de Nevers, après la mort de Charles Bourbonnat. Simon étant mort lui-même, le siége de Bethléhem était vacant le 3 septembre 1591.

Sur ces entrefaites, les légats du Saint-Siége affranchirent, en 1576 et en 1586, les évêques de Bethléhem de tous les tributs ecclésiastiques, parce que leur diocèse ne consistait qu'en un simple hôpital. On sait qu'à cette époque, tous les établissements de ce genre jouissaient de cet avantage. Bethléhem rentrait ainsi dans le droit commun.

42. — LOUIS DE CLÈVES (1601-1609).

Fils naturel de François de Clèves dernier duc de Nevers, mort le 10 janvier 1562, et d'Antoinette du Bouchet, chanoine régulier de Saint-Augustin, il fut abbé commendataire de Bouras et de Toussaints-en-l'Ile, prieur de La Charité-sur-Loire en août 1595, administrateur de l'hôpital de Bethléhem depuis 1591 jusqu'en 1601, fut nommé au siége épiscopal de Bethléhem par Gonzague de Clèves, duc de Nevers, le 17 octobre de cette dernière année, comme successeur de Philibert de Beaujeu, reçut ses bulles de Paul V le 3 août 1605, et, malgré l'opposition de l'évêque d'Auxerre, fut sacré à Paris le 12 mars de l'année suivante dimanche de la Passion, par Pierre, cardinal de Gondy, ancien évêque de Paris, assisté de Henri de Gondy, évêque de cette ville, et de Charles de Saint-Sixte, évêque de Riez. Il mourut à Bouy le 22 mars 1609, et fut inhumé à La Charité-sur-Loire, selon le désir qu'il en avait exprimé.

— Érard de Rochefort, fils de Joachim de Rochefort et de Françoise de Livron, fut désigné en 1609 par Charles de Gonzague, pour succéder à Louis de Clèves, mais il ne voulut point s'imposer les dépenses que nécessitaient l'obtention de ses bulles et la cérémonie de son sacre.

43. — JEAN IX DE CLÈVES (1615-1619).

Neveu du précédent, abbé de Toussaints-en-l'Ile et prieur de La Charité-sur-Loire en 1606, il fut sacré évêque de Bethléhem, en 1615, dans l'église des Capucins de Paris, par François, cardinal de La Rochefoucauld, assisté de Paul Hurault de l'Hospital, archevêque d'Aix, et de René de Breslay, évêque de Troyes. Il consacra la crypte de l'église de Vézelay, le 20 mars de l'année suivante, mourut dans son prieuré de La Charité le 9 octobre 1619 et y fut inhumé à côté de son oncle.

44. — ANDRÉ DE SAUZAY (1623-1644).

Peut-être neveu du précédent par sa mère, et né à Montbrison en Forez, il était recteur du collége d'Autun à Paris, lorsqu'il fut nommé évêque de Bethléhem par Charles, duc de Nevers, après la mort de Jean de Clèves. Le roi confirma cette nomination et le Saint-Siége expédia les bulles le 23 octobre 1623. Sacré le 18 février de l'année suivante dans la chapelle de Notre-Dame dans le cloître de Saint-Germain-des-Prés à Paris par Alphonse de La Croix, évêque de Grenoble, assisté de Raphaël de Bologne, évêque de Mégare, coadjuteur de Digne, et de Sébastien de Rosmadec, évêque de Vannes, il consacra lui-même, le 2 juillet 1630, le grand autel de la chapelle haute de ce cloître. Cinq ans après, la pauvreté le poussant à conférer les ordres sacrés à tous ceux qui s'adressaient à lui, bien qu'ils ne fussent point munis de lettres démissoires de leurs propres évêques, il en résulta un procès : cité par Dominique Seguier, évêque d'Auxerre, à la barre des prélats qui siégeaient dans l'assemblée générale du clergé de France tenue en 1635, André invoqua l'exemple suivi par ses prédécesseurs depuis quatre cents ans, dépeignit sa pauvreté sous des couleurs aussi vives que vraies, et promit même de renoncer à son siége, si on lui accordait une pension de quatre cents livres. En cette même année 1635, André remplissait les fonctions d'évêque suffragant ou auxiliaire de Joachim d'Estaing, évêque de Clermont. Il fit son testament le 24 juillet 1643 et légua 300 livres à l'hôpital de Bethléhem à la condition qu'une messe y serait célébrée chaque jour. Mort à Paris le 13 avril 1644, André de Sauzay fut inhumé dans l'église des Grands-Augustins.

45. — JEAN-FRANÇOIS DE BONTEMPS (1644-1650).

Nommé évêque de Bethléhem après la mort d'André, par Charles, comte de Nevers et duc de Mantoue, Jean-François était docteur en théologie, aumônier et prédicateur du roi, qui le recommanda au cardinal Renaud d'Est dans une lettre écrite le 21 avril 1644, et à son ambassadeur à Rome le 15 juin suivant. On le trouve encore mentionné dans une charte du 19 juin 1650, année où l'on inscrivit sur le portail de la grande église de Bethléhem : *Église de l'évêché Notre-Dame immédiatement dépendante du Saint-Siége*, 1650.

46. — CHRISTOPHE D'AUTHIER DE SISGAU (1651-1663).

Il était fils d'Antoine, seigneur de Saint-André, de l'illustre et ancienne maison des Altieri, laquelle donna à l'Église le pape Clément X et plusieurs cardinaux. Sa mère s'appelait Claire de Seguier, de la ville d'Aix en Provence, également recommandable par sa naissance, par sa vertu et par le bonheur qu'elle eut de mettre au monde un enfant qui devait être un jour un saint prélat. Christophe naquit à Marseille le 6 avril 1609. A peine savait-il parler, qu'on lui entendit prononcer les mots *Sacrement de l'autel*, sans que l'on sût comment il les avait appris. Dès sa plus tendre enfance, il aimait la retraite et la solitude, parce qu'il s'y trouvait plus uni avec Dieu, et qu'il pouvait l'y servir avec un abandon plus absolu et plus complet. Privé des soins maternels dès l'âge de sept ans, il fut envoyé dans la ville d'Avignon pour faire ses études au collége des Jésuites : là, il dressa en sa chambre une espèce d'oratoire où il assemblait ses condisciples pour les retirer peu à peu des vains amusements du monde ; il ne leur parlait jamais du sacrement de l'Eucharistie sans verser d'abondantes larmes d'attendrissement. Bien que ses humanités ne fussent point terminées encore, il se présenta aux Pères Jésuites pour obtenir d'eux la grâce d'être reçu dans leur compagnie, ce qu'ils lui accordèrent, à condition qu'il finirait auparavant sa rhétorique ; mais Dieu, qui avait d'autres desseins sur lui, permit que vers cette époque on lui résignât un bénéfice dans l'abbaye de Saint-Victor de Marseille. Christophe voulait refuser : le Père Michaëlis, provincial des Jésuites, réussit à lui faire accepter l'office de capiscol qui lui était dévolu dans l'abbaye de Saint-Victor. En conséquence, il se rendit à Aubagne où se trouvait l'évêque de Marseille qui le tonsura le 15 août 1626, et d'Aubagne, il alla prendre à Marseille, possession de son bénéfice et commencer son noviciat.

Les chanoines de Saint-Victor vivaient plutôt en ecclésiastiques qu'en moines, et n'étaient distingués des autres prêtres séculiers que par un petit scapulaire fort étroit qu'ils portaient sur leur soutane, pour rappeler qu'ils suivaient l'Ordre de Saint-Benoît. D'Authier n'abusa point de la liberté qu'avaient ses confrères, mais tendit de toutes ses forces à la perfection religieuse. Un de ses oncles, camérier de la même abbaye, lui ayant laissé ses meubles en mourant, il les vendit et en distribua le prix aux pauvres. Enfin, après avoir passé l'année de son noviciat dans les exercices de la piété et de la mortification, il fut agrégé au corps de l'abbaye par la profession solennelle qu'il fit entre les mains du prieur claustral, le 11 octobre 1627.

Après sa profession, il retourna à Avignon pour y faire ses études de philosophie et de théologie. Là, priant selon sa coutume dans l'église des religieuses de Sainte-Claire, le 25 mars 1632, Dieu lui manifesta qu'il voulait se servir de lui pour établir une congrégation de prêtres qui, vivant en commun, travailleraient à réparer les désordres produits dans l'Église par l'amour du clergé pour les biens de la terre et les vanités du siècle. D'Authier n'hésita point, et, après avoir choisi neuf de ses condisciples qui partageaient son zèle, ils s'assemblèrent tous, le 15 avril suivant, dans une chapelle particulière du couvent des Carmes-Déchaussés, et firent leur vœu entre les mains de Christophe qui n'avait encore que vingt-trois ans. Tel fut le commencement de la congrégation du Saint-Sacrement.

D'Authier étant resté à Avignon, avec deux ou trois de ses compagnons de la même ville, y acheva sa quatrième année de théologie, pendant laquelle il célébra sa première messe le 10 juin 1633, et reçut le bonnet de docteur le 8 juillet suivant. Il alla ensuite pour la première fois à Rome afin de soumettre au jugement du Saint-Siége le dessein de sa congrégation. Le pape Urbain VIII témoigna qu'il en était satisfait, et, après l'avoir exhorté à le poursuivre, lui ordonna de s'employer particulièrement aux missions et à la direction des séminaires, en attendant que le Saint-Siége, mieux informé de la bonté et de la nécessité de son institut, jugeât à propos de l'affermir et de lui donner une approbation solennelle. D'Authier ne voyant alors aucune apparence d'en obtenir davantage, ne fit pas long séjour dans la Ville éternelle et revint en France.

A son arrivée en Provence, l'archevêque d'Aix, Louis de Bretel, informé de son mérite et de ses vertus, voulant le retenir dans son diocèse pour travailler à la réforme de son clergé, lui donna en 1634, dans la ville d'Aix elle-même, la chapelle de Notre-Dame de Beauveser, avec une maison adjacente, pour y vivre selon son institut. Christophe ne l'y eut pas plus tôt établi dans sa première ferveur, avec le secours de ses compagnons qui vinrent l'y retrouver, qu'il eut parti avec quelques-uns d'entre eux, pour aller, au village de Cadenet, ouvrir le cours de ses missions, suivant l'ordre qu'il avait reçu du Souverain-Pontife. C'est en ce lieu que lui et les siens furent honorés pour la première fois par la voix du peuple du nom de *Missionnaires du Clergé*, qu'ils conservèrent jusqu'à ce que leur congrégation eût été approuvée du Saint-Siége. Quatre mois plus tard, au commencement de janvier 1635, ils eurent un second établissement à Brignolles, dans le même diocèse, et au mois d'avril de la même année, l'archevêque d'Aix approuva leur congrégation, sous le titre de *Congrégation des Clercs de la Mission*. Ils firent un troisième établissement à Marseille en 1638, y ayant été appelés par l'évêque de cette ville, François de Loménie, et par les magistrats. L'archevêque d'Aix confirma la même année cette congrégation à laquelle il donna le titre de *Congrégation des Missionnaires du Clergé*, et approuva les statuts qui avaient été dressés par le fondateur. Ce nouvel institut produisit des résultats qui parvinrent à la connaissance du cardinal de Richelieu, ministre d'État. Il résolut de l'établir à Paris au collége de Bourgogne, avec des revenus suffisants pour vingt-quatre missionnaires. D'Authier, ayant donc reçu l'ordre du cardinal de se rendre à Paris, se mit en route pour la capitale vers la fin de décembre 1638, avec vingt de ses missionnaires; mais il apprit à Valence la mort de Pierre-Joseph Le Clerc du Tremblai, capucin, arrivée le 18 de ce mois, et de qui dépendait le succès de cet établissement.

Craignant que cet événement ne le fit échouer, il ne pensa plus qu'à retourner en Provence. Il voulut auparavant saluer l'évêque de Valence et de Die, Jacques de Gelas de Leberon; mais ce prélat crut que la Providence n'avait permis son passage dans son diocèse que pour l'y retenir; il le retint donc, avec ses compagnons, pour travailler à la réforme de son clergé et à la direction de son séminaire qui fut érigé le 16 janvier 1639. Peu de temps après l'établissement du séminaire de Valence, d'Authier alla se démettre à Marseille de son bénéfice de capiscol ou de préchantre qu'il avait à l'abbaye de Saint-Victor, ne voulant point manquer aux devoirs de la résidence, malgré la permission du prieur claustral et du chapitre de ce monastère. De retour à Valence, il fit, avec six de ses missionnaires, la visite des deux diocèses de Valence et de Die jusqu'au mois de février 1643.

A cette époque, il se rendit à Marseille où, avec sept prêtres de sa congrégation et quatre autres missionnaires de la congrégation de saint Vincent de Paul, il ouvrit avec succès une autre mission pour les forçats des galères de cette ville, en présence de l'évêque diocésain et d'une grande multitude de fidèles. Il érigea ensuite dans l'église de sa communauté, à Marseille, une congrégation sous le titre de *Saint-Homme-Bon*, en faveur des ouvriers, et commença un autre établissement qui devait servir de retraite aux pauvres prêtres qui se rendaient dans cette ville pour passer les mers; mais cette dernière entreprise n'eut point tout le succès qu'on en espérait. Christophe revint alors à Valence, où l'évêque l'appela pour y faire une visite pastorale, et rendit le même service aux diocèses d'Uzès et de Saint-Paul-Trois-Châteaux. D'Authier fit un nouvel établissement de sa congrégation à Senlis en 1640. De si éclatants succès l'engagèrent à insister de nouveau auprès du Saint-Siége pour en obtenir une autorisation spéciale. Après bien des instances, il reçut d'Urbain VIII un commencement d'approbation le 4 juin 1644. Au mois de novembre de la même année, la Congrégation de la Propagande nomma d'Authier recteur des deux colléges apostoliques d'Avignon. Enfin, une bulle d'Innocent X, en date du 20 novembre 1647, confirmait les statuts de la congrégation sous le titre de *Congrégation du Saint-Sacrement pour la direction des missions et des séminaires*, et ses membres furent alors appelés *Prêtres missionnaires de la Congrégation du Saint-Sacrement*. Le refus que l'on avait d'abord fait à d'Authier de lui accorder à Rome la confirmation de son institut, et de nommer dans la bulle un directeur général que l'on avait demandé pour le gouvernement de sa congrégation, provenait uniquement de ce que le pieux fondateur, étant religieux profès de l'abbaye de Saint-Victor de Marseille, on ne jugea pas à propos de le mettre à la tête d'une congrégation ecclésiastique, ni de lui en substituer un autre à sa place pendant sa vie; mais son rare mérite l'emportant sur toute espèce de considération, on leva enfin cette difficulté en autorisant les membres du nouvel institut à élire eux-mêmes le directeur qui leur conviendrait, et l'on travailla à élever d'Authier à la dignité épiscopale, bien qu'il l'eût refusée plusieurs fois.

Toutes ces raisons engagèrent le fondateur de l'institut à aller à Rome où, sur la nomination du duc de Nevers, il fut sacré évêque de Bethléhem, le 26 mars 1651, par le cardinal Spada, qui en fit la cérémonie dans l'église de Saint-Jérôme-de-la-Charité. Il revint ensuite en France et prêta au roi serment de fidélité. Il fit un troisième voyage à Rome, au commencement de l'année suivante, et au nom des évêques de France qui, à la sollicitation de Jean IV, roi de Portugal, avaient écrit au Pape à propos de son refus de nommer aux prélatures de ce royaume ceux que le monarque lui présentait, bien que sur vingt-sept évêchés, il n'y en eût qu'ùn d'occupé par un vieillard infirme. La mission d'Authier échoua, et le prélat revint à Paris en 1654. Il se démit, en octobre 1663, de son évêché, pour ne plus s'occuper que de sa congrégation et des missions, et mourut au séminaire de Valence le samedi 17 septembre 1667 sur les sept heures du soir, plein de mérites devant Dieu et devant les hommes.

Christophe d'Authier fut inhumé avec beaucoup de pompe dans l'église paroissiale de Saint-Jean. En 1720, le chœur de cette église ayant été reconstruit, les restes du vénérable prélat furent exhumés en présence de Mgr de Catellan, évêque de Valence, et déposés dans la sacristie, où ils restèrent jusqu'en 1742. Cette année-là, Mgr Milon, successeur de Mgr de Catellan, en ordonna la translation solennelle devant le maître-autel, et les fit inhumer dans un petit caveau entièrement isolé de tous les autres. Un procès-verbal, revêtu de tous les témoignages les plus authentiques, renferme les détails de la cérémonie et l'indication des signes destinés à constater l'identité de ces précieux restes. En 1845, l'église de Saint-Jean ayant été démolie et réédifiée sur un plan beaucoup plus vaste et plus riche, le caveau qui renfermait le cercueil de l'illustre et saint fondateur des Missionnaires du Saint-Sacrement, et sur lequel depuis de longues années, on ne voyait plus d'inscription, fut heureusement découvert. Quelques sceaux encore intacts y furent recueillis avec soin, ainsi que quelques fragments de toile cirée que l'humidité avait épargnés : les ossements furent déposés dans une boîte scellée avec soin, et plusieurs personnes en signèrent le procès-verbal. Il est bien à regretter qu'après la construction de l'église, on eût replacé ces vénérables dépouilles dans le caveau qui leur était destiné sans aucun appareil. Une translation nouvelle aurait honoré le souvenir du saint prélat, et contribué à tirer de l'oubli un nom si digne de vivre dans le cœur de tous les prêtres de l'Église de France.

Nicolas Boreli, prêtre et docteur en théologie, a publié la Vie de Christophe d'Authier de Sisgau, Paris, 1667, et Lyon, 1703 in-12.

47. — FRANÇOIS II DE BATAILLER (1664-1701).

François, de l'ordre des Capucins, fût sacré évêque de Bethléhem à Rome, le 25 juin 1664, par le cardinal Pie, après la démission de Christophe d'Authier de Sisgau, prêta serment au roi le 8 mai de l'année suivante, et prit possession de son siége le 8 juin de cette même année. Il conféra les ordres sacrés dans la cathédrale d'Auxerre en 1666, et leva de terre, le 28 septembre 1669, le corps de la bienheureuse Ide, comtesse de Boulogne, dans l'église du prieuré de Saint-Vaast, en présence d'Étienne Moreau, évêque d'Arras, et par délégation de Marguerite de Lorraine, veuve de Gaston d'Orléans. Il eut pour concurrent François Servier, nommé par le duc de Nevers, mais il l'évinça par arrêt du parlement de Paris en date du 13 juin 1673, époque où il fut décidé que, pour être évêque de Bethléhem, il faudrait désormais la nomination du duc de Nevers et la confirmation du roi. En 1670, il demanda à l'assemblée du clergé qu'il lui fût permis d'entrer dans les assemblées provinciales comme payant décimes, ou de le décharger des dites décimes, dont il payait par an 60 livres, quoique le revenu de son évêché ne fut que de 300 livres. L'assemblée lui répondit que, ne pouvant toucher au département de 1516, elle ne pouvait lui accorder cette grâce à cause des conséquences. (*Mémoires du clergé*, tome VII, page 840.) Le 18 juillet 1673, François permit de promulguer dans son Église les indulgences accordées par Clément X, le 23 novembre précédent, à la confrérie de Saint-Philibert qu'on y avait érigée. Il consacra dans l'église de Saint-Germain-des-Prés, à Paris, les autels de Saint-Symphorien en 1670, le grand autel le 3 mars 1678, et ceux de Saint-Casimir et de Sainte-Marguerite en 1683. Il assista, en 1681 et en 1688, aux réunions préparatoires tenues à l'archevêché de Paris par le clergé de France, avant les grandes assemblées de ces années. Avec la permission de François de Harlay, archevêque de Paris, il fit la vérification des reliques des martyrs saints Vincent, Bienvenu et Boniface, le 10 novembre 1692, reliques données le 20 avril 1672 par le Souverain-Pontife, et, le 22 mai 1694, bénit les châsses qui les contenaient et que le clergé de Bethléhem apporta solennellement à Clamecy le 20 juin de la même année, avec la permission d'André Colbert, évêque d'Auxerre. François de Batailler fut nommé abbé commendataire de Joncels en 1686 et de Saint-Eusèbe en

1688, toutes deux dans le diocèse de Béziers. Ayant permuté avec l'évêque de Comminges en 1693, il devint abbé de La Bussière au diocèse d'Autun, et mourut à Paris le 22 juin 1701, âgé de 84 ans, dans la maison des Chanoines réguliers de Sainte-Croix de La Bretonnerie, qui l'inhumèrent dans leur église.

On a de ce prélat : *Discours* sur la cérémonie de la consécration de l'église royale de la paroisse de Versailles, prononcé le 30 octobre 1686, *Paris*, 1687, in-4°. — *Discours* sur la cérémonie de la consécration de l'église royale de Marly, prononcé en 1689, *Paris*, 1689, in-4°.— *Discours* sur la cérémonie de la consécration de l'église des religieuses capucines de Paris, prononcé le 27 août 1689, *Paris*, 1689, in-4°.

LOUIS DE SANLECQUE, ÉVÊQUE NOMMÉ.

Fils de Jacques de Sanlecque qui fut à la fois habile imprimeur, graveur et fondeur, et petit-fils de Jacques de Sanlecque, qui se distingua dans la même profession, Louis naquit à Paris en 1652, entra fort jeune dans la congrégation des Chanoines de Sainte-Geneviève, et devint professeur d'humanités dans leur collége de Nanterre, près de Paris. Pendant les sept ou huit années qu'il y demeura, il avait composé plusieurs morceaux de poésie française et latine qui avaient eu quelques succès et avait adapté à la scène du collége *le Bourgeois gentilhomme* de Molière, comédie à laquelle il avait ajouté près de cinq cents vers. Ces heureuses tentatives l'engagèrent, en quittant le collége de Nanterre, à se hasarder tout à fait sur la route du Parnasse, mais ses premiers pas furent malheureux. Il débuta par une attaque en forme contre Boileau et par une apologie complète de la *Phèdre* de Pradon. Ce jugement plut au duc de Nevers qui avait prit parti pour ce dernier et était allé jusqu'à décocher à Racine un sonnet très-mordant. Boileau s'empare des rimes du sonnet, y ajuste de nouveaux hémistiches, et le retourne ainsi. Transformé à l'ennemi, Sanlecque, pour complaire au duc, reprend à son tour les mêmes rimes et les renvoie à Boileau adaptées à de nouveaux hémistiches où le duc de Nevers était grandement exalté. Le duc, usant de son droit, nomma Sanlecque à l'évêché de Bethléhem par lettre du 24 juin 1701. Déjà le chanoine avait fait sa profession de foi entre les mains du nonce, lorsque Louis XIV le déclara *indigne*. Sanlecque avait oublié certain poème *contre les directeurs* et certaine satire *contre les évêques*. Le poète se retira alors dans son prieuré de Garnay, près de Dreux, et y passa ses dernières années dans le détachement le plus absolu des choses terrestres. Les pauvres, ses paroissiens, profitèrent de la presque totalité des revenus de sa cure. Avant sa mort, il fit amende honorable à Boileau, et dans une pièce intitulée : *Boileau et Momus*, il fait détrôner celui-ci par celui-là. Louis de Sanlecque mourut dans son prieuré le 14 juillet 1714. Ses poésies vantées de son temps, sont aujourd'hui tombées dans le discrédit, à l'exception d'un poème inachevé sur *les mauvais gestes des prédicateurs*, très-souvent réimprimé. Quelques traits d'esprit n'y sauraient compenser le manque absolu de netteté. Ses poésies ont paru à Harlem (Lyon), 1696, in-8°, et 1726, in-12, Paris, 1742, in-12.

48. — CHÉRUBIN-LOUIS LE BEL (1701-1738).

Religieux Récollet, définiteur général de l'Ordre de Saint-François, il fut nommé évêque de Bethléhem par le duc de Nevers en 1701, approuvé par le roi, proposé à Rome le 27 novembre 1713, préconisé le 11 décembre suivant, et obtint ses bulles le lendemain. Sacré le 4 février 1714 dans l'église des Récollets de Paris par Humbert Ancelin, ancien évêque de Tulle, assisté de François Gaspard de Grammont, évêque d'Aréthuse, suffragant et coadjuteur de Besançon, et de Henri-Augustin le Pileur, évêque de Saintes, il prêta serment au roi le 14 du même mois et prit possession par procureur le 28 mai suivant. Le 8 janvier 1721, il obtint une pension de 1,200 livres sur l'archevêché de Vienne, et au mois de juillet 1724, on lui accorda la commende de l'abbaye de Lieu-Restauré. Depuis près d'un siècle, les évêques de Bethléhem avaient respecté la situation que leur avait faite l'assemblée du clergé de 1635; mais en 1729, Louis le Bel, profitant de la situation difficile où M. de Caylus, évêque d'Auxerre, s'était placé par son entêtement pour le jansénisme, voulut empiéter sur ses prérogatives. Il poussa successivement les Récollets de Clamecy, ses confrères, et le curé d'Armes, son vicaire général, à exercer les droits curiaux dans le faubourg de Bethléhem. Ce dernier alla même fort loin, au dire des partisans de l'évêque d'Auxerre, et commit des excentricités, par exemple, en faisant, le jour de la Fête-Dieu, conduire la procession au son des violons et des tambours. La ville était très-divisée : les uns prenaient parti pour leur évêque, les autres défendaient l'autorité de M. de Caylus.

Une requête fut adressée en 1732 au conseil du roi par Louis le Bel, pour faire établir sa juridiction. Le conseil, fort embarrassé, renvoya l'affaire au bureau ecclésiastique qui la communiqua à M. de Caylus; mais on ne voit pas qu'on y ait apporté de solution sous ce prélat. D'ailleurs, Louis le Bel vint à mourir sur ces entrefaites, le 8 octobre 1738, dans le couvent des Récollets à Paris, à l'âge de 77 ans.

49. — LOUIS-BERNARD LA TASTE — (1738-1754).

Né en 1692 à Bordeaux et issu d'une famille très-obscure, il fut élevé comme domestique dans le monastère des Bénédictins de Sainte-Croix de cette ville, mais les heureuses dispositions qu'il manifesta pour l'étude le firent prendre en amitié par ses supérieurs. Après avoir terminé sa philosophie, il revêtit l'habit de l'Ordre, et parvint aux premières charges de la congrégation de Saint-Maur. Devenu, en 1729, prieur des Blancs-Manteaux à Paris, il écrivit contre les convulsions et les prétendus miracles des appelants une série de lettres qui causèrent beaucoup de bruit et ameutèrent contre lui, non-seulement les partisans nombreux du diacre Pâris, mais encore beaucoup de théologiens et de docteurs de Sorbonne qui l'accusaient d'avoir, sur la question des miracles et le pouvoir attribué aux démons, avancé une doctrine peu orthodoxe. Dans sa 19e lettre particulièrement, il met ses adversaires aux prises et les réfute les uns par les autres. On obtint, le 4 janvier 1738, du parlement de Paris, un arrêt qui supprimait cette lettre, parce qu'elle renfermait quelques railleries sur des magistrats dévoués à la cause des convulsions. On allait lui susciter de fâcheuses affaires au premier chapitre général des Bénédictins, lorsqu'il fut nommé par le duc de Nevers, le 1er décembre 1738, à l'évêché de Bethléhem. Confirmé par le roi, il obtint ses bulles le 9 mars 1739 et fut sacré le 5 avril suivant, dans la chapelle haute de l'archevêché de Paris, par Mgr de Vintimille, archevêque de ce diocèse, assisté de Renaud de Villeneuve, évêque de Viviers, et de La Roche-Aymon, évêque de Tarbes. Le 20 du même mois, il prêta serment au roi. Sa prise de possession par procureur eut lieu le 19 août de la même année. Il obtint ensuite la commende de Moiremont au diocèse de Châlons-sur-Marne. Nommé supérieur des Carmélites de Saint-Denys, il devint, en 1747, visiteur général de l'Ordre entier en France, et assista en cette qualité aux conférences tenues en 1753 à Paris et à Conflans, pour l'examen de l'*Histoire du Peuple de Dieu* par le Père Berruyer. Dom Louis la Taste mourut à Saint-Denys le 22 avril 1754 et y fut inhumé le lendemain dans l'église des Carmélites.

On a de ce prélat : *Lettres théologiques aux écrivains défenseurs des convulsions et autres prétendus miracles du temps*, 2 vol. in-4°, recueil de 21 lettres dont la première est datée du 15 avril 1735 et la dernière du 1er mai 1740. — *Réfutation des lettres prétendues pacifiques*, 1er janvier 1753, in-12. Cette réfutation est dirigée contre un ouvrage de Louis-Adrien le Paige, avocat et bailli du Temple, janséniste renforcé. — *Lettres aux Carmélites du faubourg Saint-Jacques*. C'est à tort que les *Nouvelles ecclésiastiques* représentent dom Louis la Taste comme auteur de plusieurs autres écrits qui ont été publiés sous le voile de l'anonyme : ces attributions doivent être reportées à des théologiens ses contemporains. Nous le croyons cependant éditeur des *Lettres de sainte Thérèse*, traduites de l'espagnol en français, par Mme de Maupeou, carmélite, et l'abbé Pelicot, 1748, 2 vol. in-4°.

50. — CHARLES-MARIE DE QUELEN (1755-1777).

Né en 1703 dans le diocèse de Quimper et issu d'une noble et ancienne famille de Bretagne, Charles-Marie de Quelen était depuis 1733 curé du Hâvre où sa mémoire est encore en vénération, lorsqu'il fut nommé en février 1754 abbé commendataire de La Rivour au diocèse de Troyes, et peu après à l'évêché de Bethléhem par le duc de Nevers. Homme intègre et plein de dévouement, pasteur fidèle et dévoré du zèle du salut des âmes, il méritait, par une vie vraiment sacerdotale, d'être appelé aux premières dignités de l'Eglise. Confirmé par le roi en mai suivant, et préconisé à Rome le 16 septembre de la même année, il fut sacré le 19 janvier 1755 à Paris, dans la chapelle du séminaire de Saint-Sulpice, par Bertrand-Jean-Baptiste-René du Guesclin, évêque de Cahors, assisté de Gaspard-Alexis de Plan des Augiers, évêque de Die, et de François de Saint-Jean de Prunières, évêque de Grasse. Le 24 du même mois, le nouveau prélat prêta serment de fidélité au roi et mourut au Faou, près de Landerneau, le 21 avril 1777. On cite de M. de Quelen un trait édifiant, pendant qu'il était curé du Hâvre. Il avait l'habitude de porter quand il faisait nuit, du pain et du bois aux pauvres : un soir que le fardeau était plus pesant qu'à l'ordinaire, un petit fagot caché sous son manteau lui échappa et trahit ainsi, aux yeux des passants, sa charité et son amour des malheureux. M. de Quelen, archevêque de Paris, de 1821 à 1839, était le petit-neveu de l'évêque de Bethléhem, qui portait pour armoiries : *burelé d'argent et de gueules de dix pièces.*

51. — FRANÇOIS-CAMILLE DURANTI-LIRONCOURT (1777-1790).

Né à Paris le 9 octobre 1733, il était chanoine honoraire et vicaire général de Laon, aumônier de Madame Sophie de France, lorsqu'il fut nommé, en août 1777, à l'évêché de Bethléhem et abbé commendataire de La Rivour le 25 janvier 1778. Sacré le 26 avril suivant, il prêta serment de fidélité au roi le 28 de ce mois, et quitta la France en 1792. Réfugié en Angleterre, il refusa en 1801 de se démettre de son évêché que le Concordat, disait-il, n'avait point le droit de supprimer, et mourut peu après.

FIN DES DIOCÈSES DE NEVERS ET DE BETHLÉHEM.

TABLE GÉNÉRALE DES MATIÈRES.

DES DIOCÈSES DE NEVERS ET DE BETHLÉHEM.

Pages.

DIOCÈSE DE NEVERS.

ÉVÊQUES DE NEVERS.

FIN DES DIOCÈSES DE NEVERS ET BETHLÉHEM.

LA FRANCE PONTIFICALE

(GALLIA CHRISTIANA)

HISTOIRE CHRONOLOGIQUE & BIOGRAPHIQUE

DES ARCHEVÊQUES ET ÉVÊQUES DE TOUS LES DIOCÈSES DE FRANCE

DEPUIS L'ÉTABLISSEMENT DU CHRISTIANISME JUSQU'A NOS JOURS

Par M. H. FISQUET, Membre de plusieurs Sociétés savantes.

DIVISÉE EN 17 PROVINCES ECCLÉSIASTIQUES.

Les 17 provinces formeront de 22 à 25 volumes in-8° de 500 pages. Chaque diocèse se vendra séparément ; il est orné d'un portrait de l'évêque actuel.

Prix net, FRANCO, 8 francs le volume de 500 pages.

Les personnes qui souscrivent à l'ouvrage entier ne paient le volume que 5 francs, rendu à domicile : le prix est payable, après réception de chaque volume, en un mandat sur la poste à l'ordre de E. Repos. — Dans l'impossibilité de connaître le nombre exact des pages que contiendra chaque diocèse, dont le prix est subordonné à son plus ou moins d'importance, il est bien entendu que ce prix de 8 fr. forme la base du volume de 500 pages.

Voici, du reste, la division générale de l'ouvrage, où les siéges épiscopaux existant en 1790, et que n'a point rétablis la bulle *Paternæ caritatis* du 6 octobre 1822, se trouvent, non dans leurs anciennes métropoles, mais dans la circonscription de celles qui les enclavent aujourd'hui.

1. Province de Paris : Paris (1), — Meaux, — Chartres, — Orléans, — Blois, — Versailles.

2. Province de Reims : Reims, — Soissons et Laon, — Châlons-sur-Marne, — Beauvais, Noyon et Senlis. — Amiens.

3. Province d'Aix, Arles et Embrun : Aix, Arles et Embrun, — Marseille, — Fréjus et Toulon, Grasse, Vence, — Digne, Riez, Senez, Sisteron, Glandève, Gap, — Ajaccio, Sagone, Aleria, Mariana et Accia, Nebbio, — Alger, — Nice.

4. Province de Lyon et Vienne : Lyon et Vienne, — Autun, Châlon et Mâcon, — Langres, — Dijon, — Saint-Claude, — Grenoble.

5. Province de Rouen : Rouen, — Bayeux et Lisieux, — Evreux, — Séez, — Coutances et Avranches.

6. Province de Sens et Auxerre : Sens et Auxerre, — Troyes et Moulins, — Nevers et Bethléhem.

7. Province de Tours : Tours, — Le Mans, — Angers, — Nantes, — Laval.

8. Province de Bourges : Bourges, — Clermont, — Limoges, — Saint-Flour, — Le Puy, — Tulle.

9. Province d'Albi : Albi, Castres, Lavaur, — Rodez et Vabres, — Cahors, — Mende, — Perpignan.

10. Province de Bordeaux ; Bordeaux et Bazas, — Agen, Périgueux et Sarlat, — Angoulême, — Poitiers, — La Rochelle et Saintes, — Luçon, — Le Fort-deFrance, — La Basse-Terre, — Saint-Denys.

11. Province d'Auch : Auch, Lombez, Condom et Lectoure, — Aire et Dax, — Tarbes, — Bayonne, Lescar et Oloron.

12. Province de Toulouse et Narbonne : Toulouse et Narbonne, Rieux, Saint-Bertrand-de-Comminges, — Montauban, — Pamiers, Saint-Lizier-de-Couserans et Mirepoix, — Carcassonne, Alet, Saint-Papoul.

13. Province d'Avignon : Avignon, Cavaillon, Apt, Vaison, Carpentras, Orange, — Viviers, — Nîmes, Uzès, — Alais. — Valence, Saint-Paul-Trois-Châteaux et Die, — Montpellier, Béziers, Agde, Lodève, Saint-Pons-de-Tomières.

14. Province de Cambrai : Cambrai, — Arras, Boulogne et Saint-Omer.

15. Province de Besançon : Besançon, — Strasbourg, — Metz, — Verdun, — Nancy et Toul, — Saint-Dié, — Belley.

16. Province de Rennes : Rennes, Dol, Saint-Malo, — Vannes, — Quimper et Léon, — Saint-Brieuc et Tréguier.

17. Province de Chambéry : Chambéry, — Annecy, — Moutiers-en-Tarentaise, — Saint-Jean-de-Maurienne.

(1) La Métropole de Paris forme 3 volumes divisés comme suit : Tome I, Évêques et Archevêques de Paris. — Tome II, Doyens de la métropole, Grands-Aumôniers de France, Abbayes et Communautés religieuses. — Tome III, Évêchés suffragants.

Bar-le-Duc. — Imprimerie Contant-Laguerre et Cie.

www.ingramcontent.com/pod-product-compliance
Lightning Source LLC
Chambersburg PA
CBHW072043080426
42733CB00010B/1971

9782012561083